BASS CHORDS MADE EASY

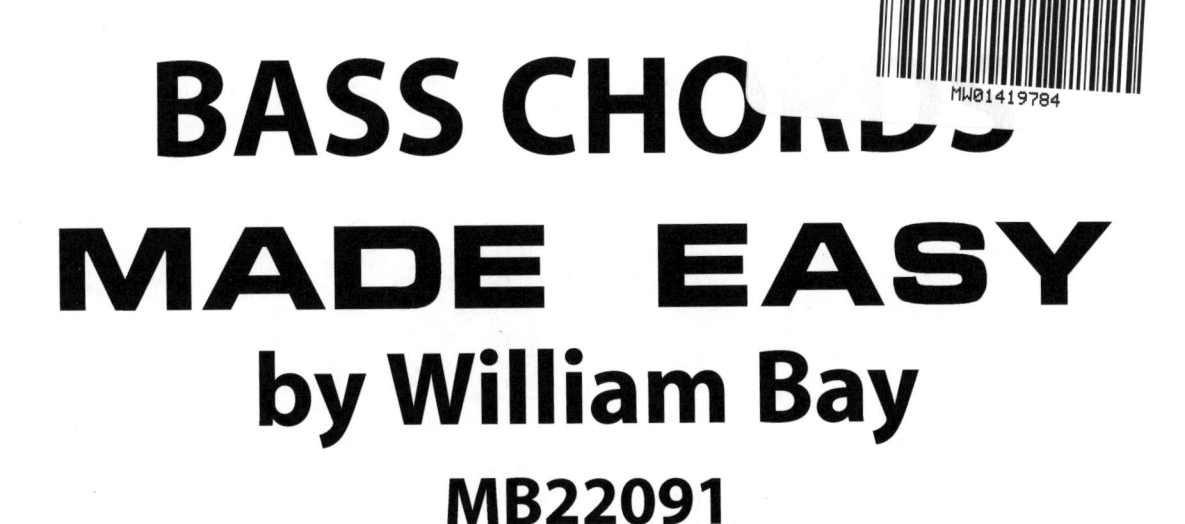

by William Bay

MB22091

LARGE PRINT EDITION

BILL'S MUSIC SHELF

© 2005, 2010 BY MEL BAY PUBLICATIONS, INC., PACIFIC, MO 63069.
ALL RIGHTS RESERVED. INTERNATIONAL COPYRIGHT SECURED. B.M.I.
MADE AND PRINTED IN U.S.A.

No part of this publication may be reproduced in whole or in part, or stored in a retrieval system, or transmitted in any form or by any means, electronic, mechanical, photocopy, recording, or otherwise, without written permission of the publisher.

Visit us on the Web at www.melbay.com or billsmusicshelf.com

Table of Contents

Explanation of
 Chord Diagrams 4

Major
C & G 5
D & A 6
E & B 7
G♭/F♯ & D♭ 8
A♭ & E♭ 9
B♭ & F 10

Minor
Cm & Gm 11
Dm & Am 12
Em & Bm 13
G♭m/F♯m & D♭m 14
A♭m & E♭m 15
B♭m & Fm 16

Seventh
C7 & G7 17
D7 & A7 18
E7 & B7 19
G♭7/F♯7 & D♭7 20
A♭7 & E♭7 21
B♭7 & F7 22

Major Seventh
Cma7 & Gma7 23
Dma7 & Ama7 24
Ema7 & Bma7 25
G♭ma7/F♯ma7 & D♭ma7 ... 26
A♭ma7 & E♭ma7 27
B♭ma7 & Fma7 28

Sixth
C6 & G6 29
D6 & A6 30
E6 & B6 31
G♭6/F♯6 & D♭6 32
A♭6 & E♭6 33
B♭6 & F6 34

Minor Seventh
Cm7 & Gm7 35
Dm7 & Am7 36
Em7 & Bm7 37
G♭m7/F♯m7 & D♭m7 38
A♭m7 & E♭m7 39
B♭m7 & Fm7 40

Minor Sixth
Cm6 & Gm6 41
Dm6 & Am6 42
Em6 & Bm6 43
G♭m6/F♯m6 & D♭m6 44
A♭m6 & E♭m6 45
B♭m6 & Fm6 46

Minor Major Seven
C-△7 & G-△7 47
D-△7 & A-△7 48
E-△7 & B-△7 49
G♭-△7/F♯-△7 & D♭-△7 50
A♭-△7 & E♭-△7 51
B♭-△7 & F-△7 52

Seven Suspended
C7sus & G7sus 53
D7sus & A7sus 54

Table of Contents

E7sus & B7sus 55
G♭7sus/F♯7sus & D♭7sus 56
A♭7sus & E♭7sus 57
B♭7sus & F7sus 58

Diminished
B♭°, D♭°, E°, G°, B°, D°,
   F° & A♭° 59
C°, E♭°, G♭° & A° 60

Augmented
G♯+/A♭+, C+, E+, A+,
   D♭+/C♯+ & F+ 61
A♯+/B♭+, D+, F♯+/G♭+,
   G+, B+ & D♯+/E♭+ 62

Seven Sharp Five
C7♯5 & G7♯5 63
D7♯5 & A7♯5 64
E7♯5 & B7♯5............................65
G♭7♯5/F♯7♯5 & D♭7♯5 66
A♭7♯5 & E♭7♯5 67
B♭7♯5 & F7♯5 68

Seven Flat Five
C7♯5, G7♯5 & D7♯5 69
A7♯5, E7♯5 & B7♯5 70
G♭7♯5/F♯7♯5, D♭7♯5
   & A♭7♯5 71
E♭7♯5, B♭7♯5 & F7♯5 72

Minor Seven Flat Five
Cm7♭5, Gm7♭5 & Dm7♭5 73
Am7♭5, Em7♭5 & Bm7♭5 74
G♭m7♭5/F♯m7♭5, D♭m7♭5
   & A♭m7♭5 75

E♭m7♭5, B♭m7♭5 & Fm7♭5 76

Ninth
C9, G9 & D9............................77
A9, E9 & B9 78
G♭9/F♯9, D♭9 & A♭9 79
E♭9, B♭9 & F9.........................80

Seven Flat Nine
C7♭9, G7♭9 & D7♭9 81
A7♭9, E7♭9 & B7♭9.................82
G♭7♭9/F♯7♭9, D♭7♭9
   & A♭7♭9 83
E♭7♭9, B♭7♭9 & F7♭9...............84

Seven Sharp Nine
C7♯9, G7♯9 & D7♯9 85
A7♯9, E7♯9 & B7♯9 86
G♭7♯9/F♯7♯9, D♭7♯9
   & A♭7♯9 87
E♭7♯9, B♭7♯9 & F7♯9 88

Major Nine
Cma9, Gma9 & Dma9 89
Ama9, Ema9 & Bma9 90
G♭ma9/F♯ma9, D♭ma9
   & A♭ma9................................91
E♭ma9, B♭ma9 & Fma9 92

Minor Nine
Cm9, Gm9 & Dm9 93
Am9, Em9 & Bm9 94
G♭m9/F♯m9, D♭m9
   & A♭m9 95
E♭m9, B♭m9 & Fm9 96

4

Explanation of Chord Diagrams

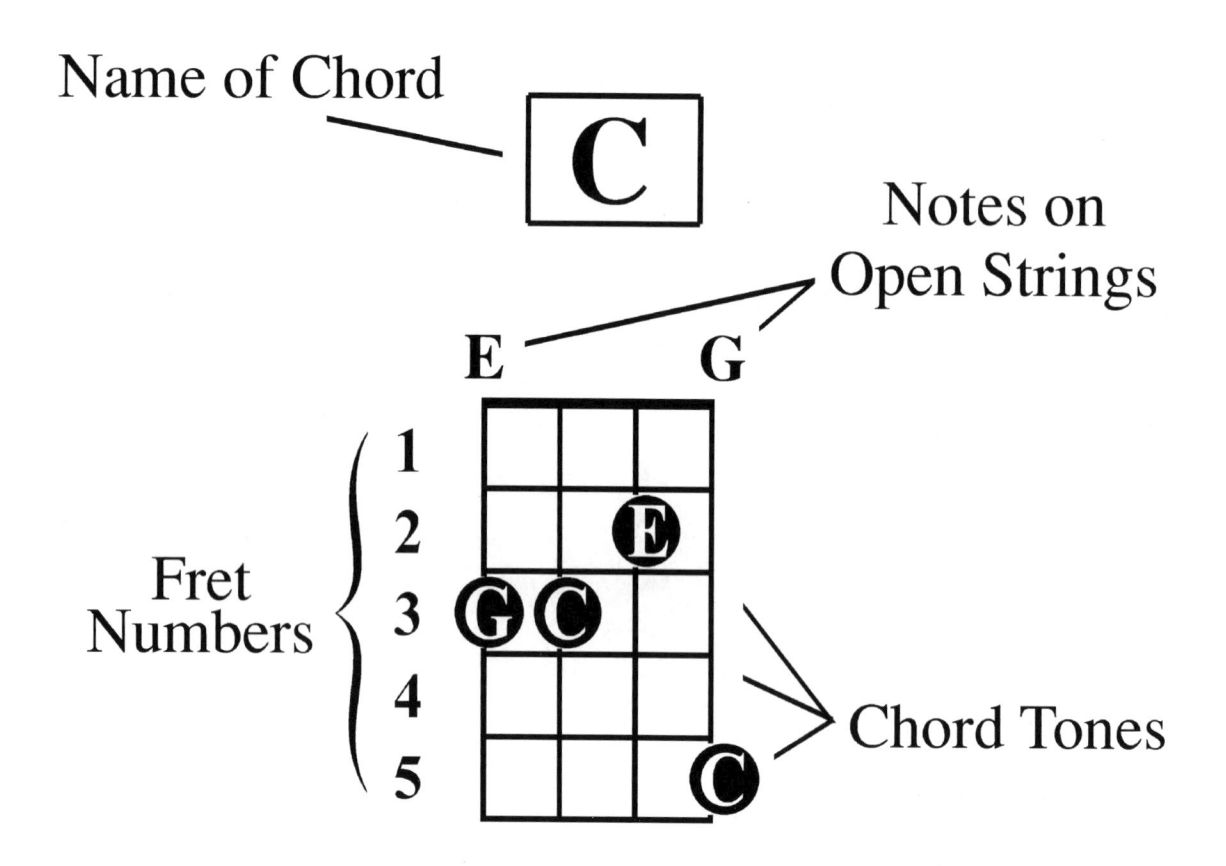

Name of Chord
C
Notes on Open Strings
E
G
Fret Numbers
1
2
3
4
5
E
G
C
C
Chord Tones

Major

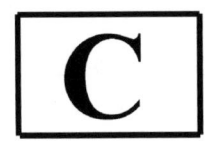

C

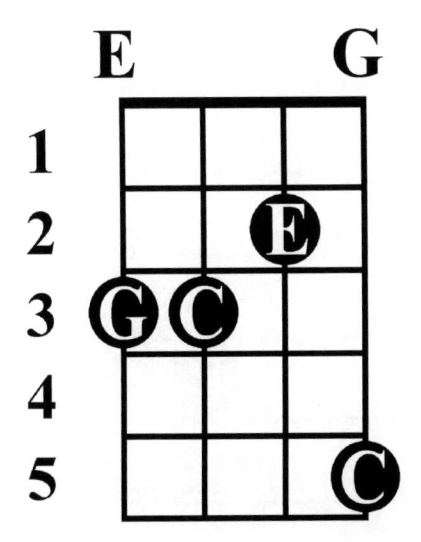

```
     E     G
   ┌──┬──┬──┐
 1 │  │  │  │
   ├──┼──┼──┤
 2 │  │  │E │
   ├──┼──┼──┤
 3 │G │C │  │
   ├──┼──┼──┤
 4 │  │  │  │
   ├──┼──┼──┤
 5 │  │  │C │
   └──┴──┴──┘
```

G

```
        D  G
   ┌──┬──┬──┐
 1 │  │  │  │
   ├──┼──┼──┤
 2 │  │B │  │
   ├──┼──┼──┤
 3 │G │  │  │
   ├──┼──┼──┤
 4 │  │  │  │
   ├──┼──┼──┤
 5 │  │  │  │
   └──┴──┴──┘
```

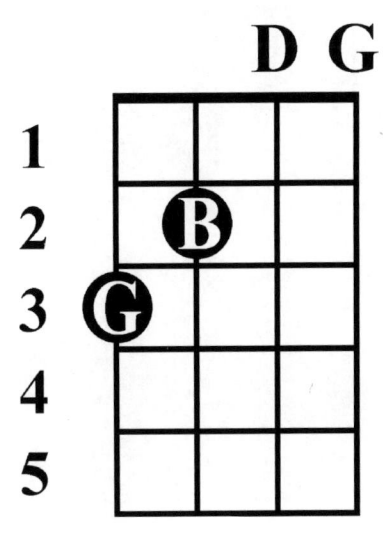

Major

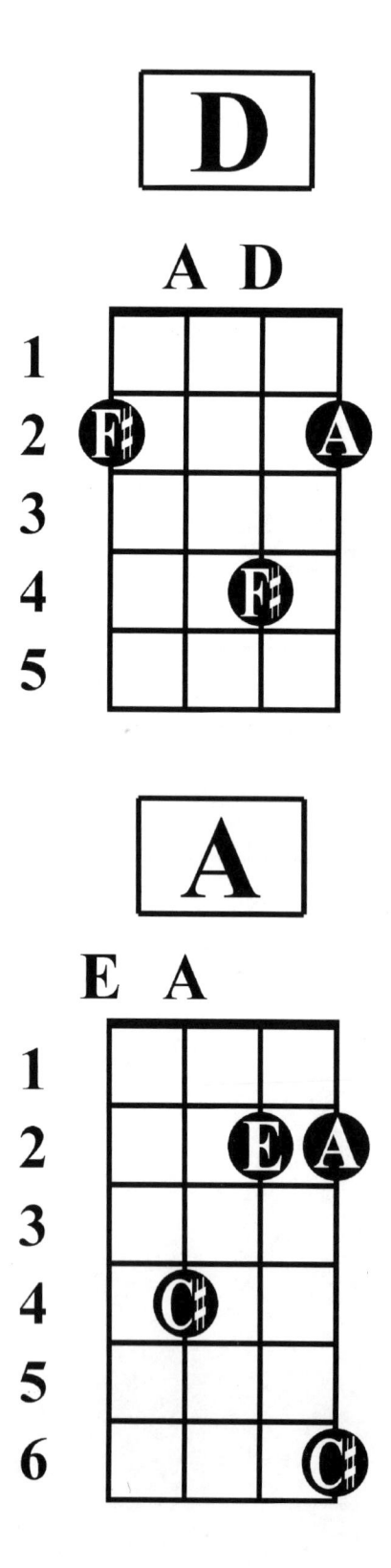

D

```
    A   D
   ┌─┬─┬─┐
1  │ │ │ │
   ├─┼─┼─┤
2  │F#│ │A│
   ├─┼─┼─┤
3  │ │ │ │
   ├─┼─┼─┤
4  │ │F#│ │
   ├─┼─┼─┤
5  │ │ │ │
   └─┴─┴─┘
```

A

```
   E   A
   ┌─┬─┬─┐
1  │ │ │ │
   ├─┼─┼─┤
2  │ │E│A│
   ├─┼─┼─┤
3  │ │ │ │
   ├─┼─┼─┤
4  │ │C#│ │
   ├─┼─┼─┤
5  │ │ │ │
   ├─┼─┼─┤
6  │ │ │C#│
   └─┴─┴─┘
```

Major

7

E

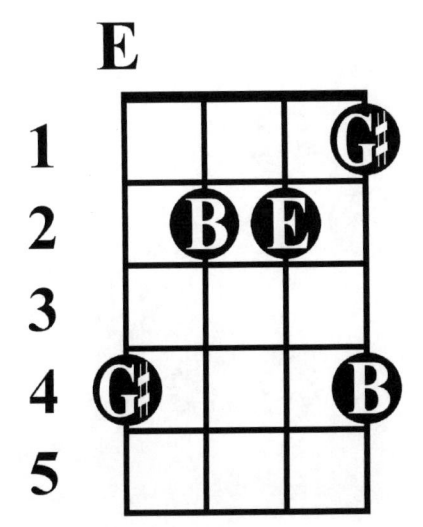

```
      E
    ┌───┬───┬───┐
1   │   │   │ G │
    ├───┼───┼───┤
2   │   │ B │ E │
    ├───┼───┼───┤
3   │   │   │   │
    ├───┼───┼───┤
4   │ G │   │ B │
    ├───┼───┼───┤
5   │   │   │   │
```

B

```
    ┌───┬───┬───┐
1   │   │   │ D │
    ├───┼───┼───┤
2   │ F │ B │   │
    ├───┼───┼───┤
3   │   │   │   │
    ├───┼───┼───┤
4   │   │ F │ B │
    ├───┼───┼───┤
5   │   │   │   │
```

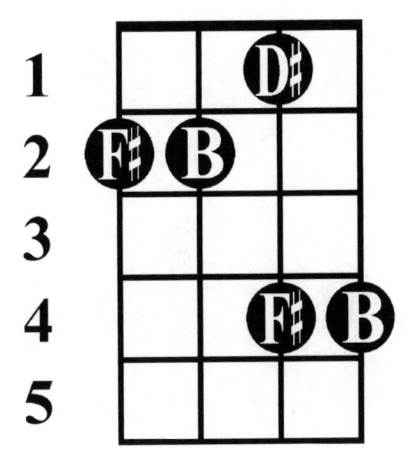

Major

Gb/F#

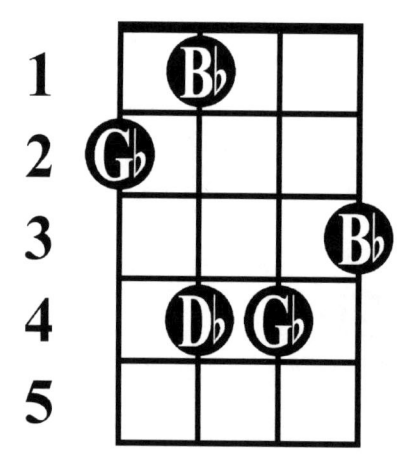

```
1    Bb
2  Gb
3         Bb
4    Db Gb
5
```

Db

```
1  F      Ab
2
3         F
4  Ab Db
5
```

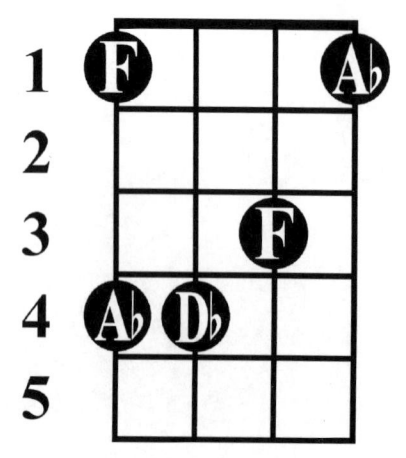

Major

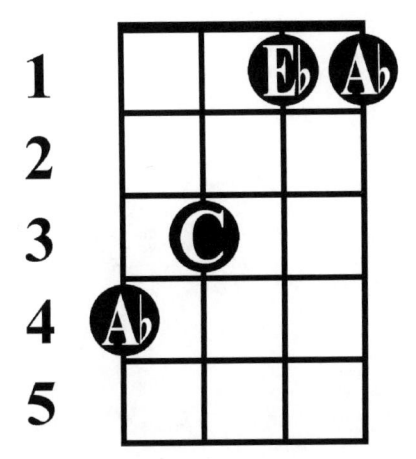

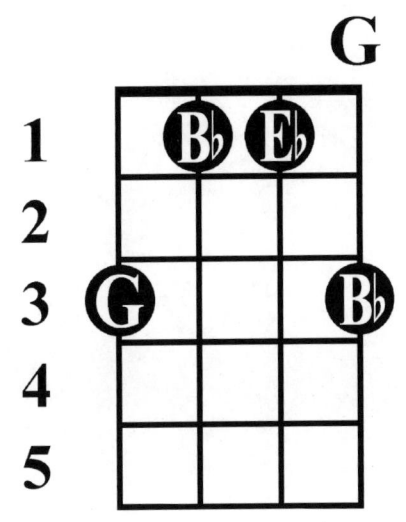

A♭

E♭

Major

B♭

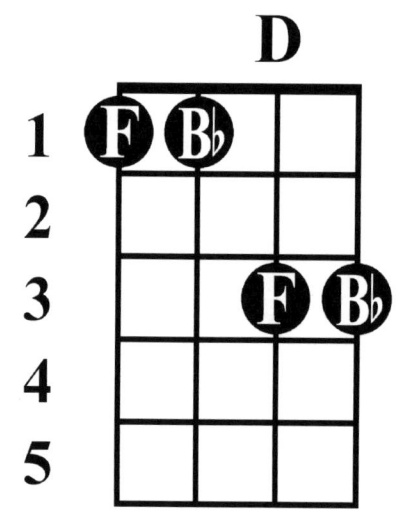

```
      D
   ┌──┬──┬──┐
1  │F │B♭│  │
   ├──┼──┼──┤
2  │  │  │  │
   ├──┼──┼──┤
3  │  │F │B♭│
   ├──┼──┼──┤
4  │  │  │  │
   ├──┼──┼──┤
5  │  │  │  │
   └──┴──┴──┘
```

F

```
      A
   ┌──┬──┬──┐
1  │F │  │  │
   ├──┼──┼──┤
2  │  │  │A │
   ├──┼──┼──┤
3  │C │F │  │
   ├──┼──┼──┤
4  │  │  │  │
   ├──┼──┼──┤
5  │  │  │  │
   └──┴──┴──┘
```

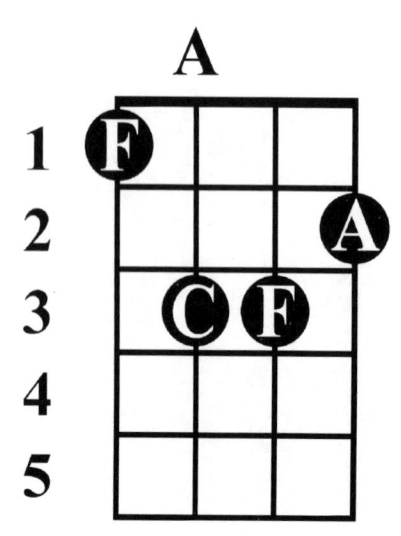

Minor

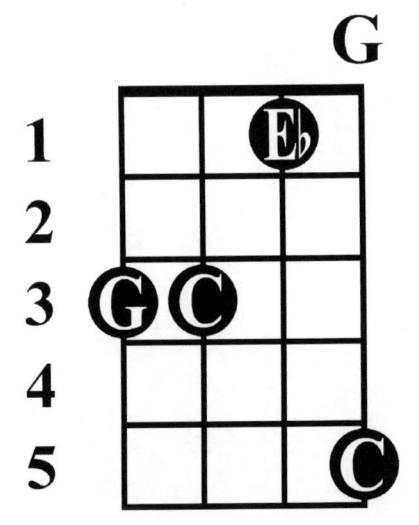

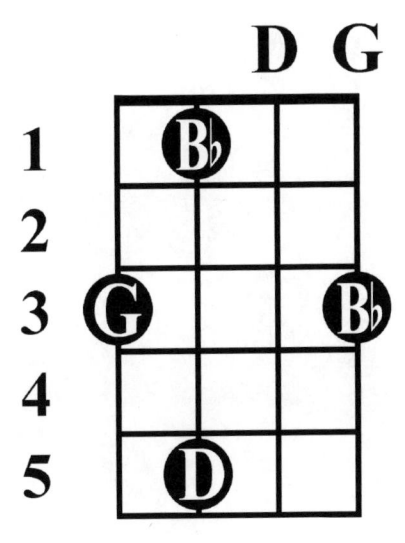

Cm

Gm

Minor

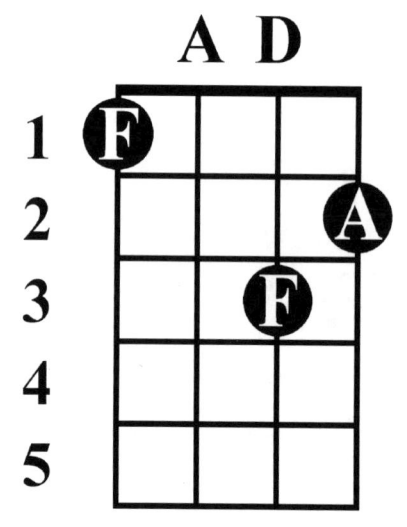

Dm

Am

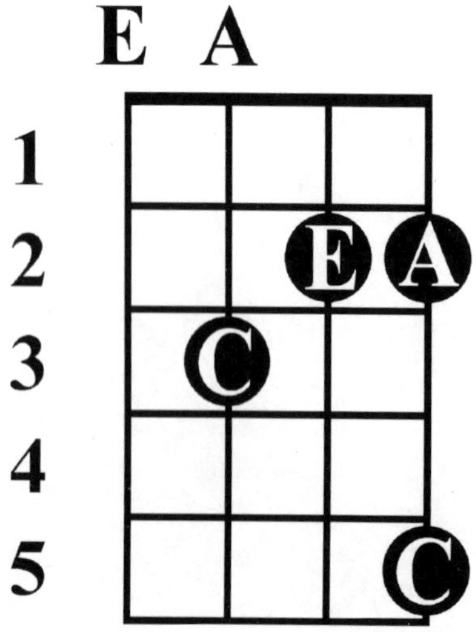

Minor

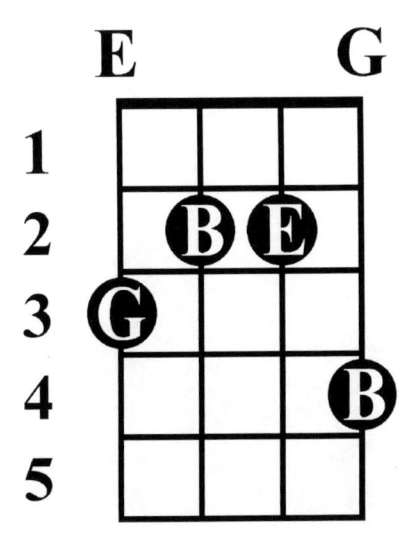

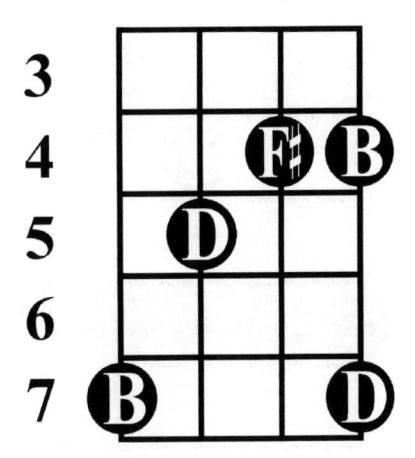

13

Em

Bm

Minor

Gbm / F#m

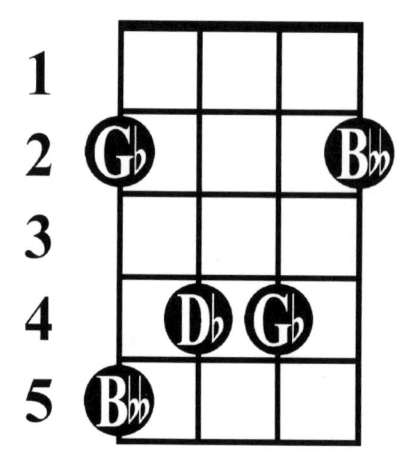

```
    1 |   |   |   |
    2 |(Gb)|   |(Bbb)|
    3 |   |   |   |
    4 |   |(Db)|(Gb)|
    5 |(Bbb)|   |   |
```

Dbm

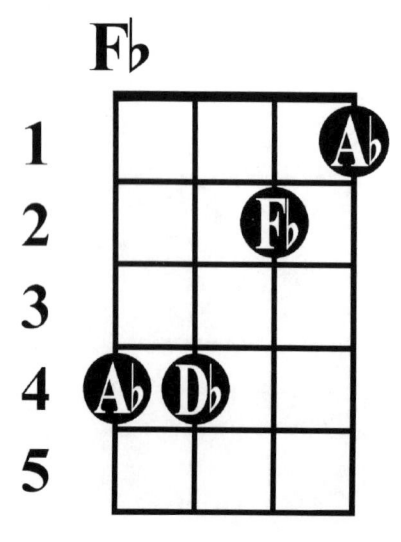

Fb

```
    1 |   |   |(Ab)|
    2 |   |   |(Fb)|
    3 |   |   |   |
    4 |(Ab)|(Db)|   |
    5 |   |   |   |
```

Minor

A♭m

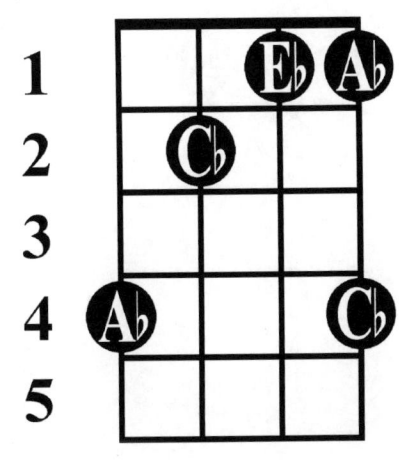

```
1       E♭  A♭
2    C♭
3
4  A♭     C♭
5
```

E♭m

```
1       B♭  E♭
2   G♭
3            B♭
4        G♭
5
```

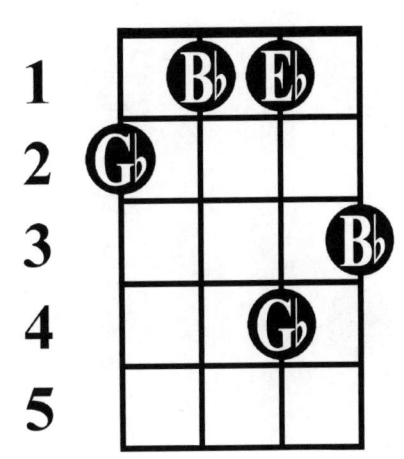

Minor

B♭m

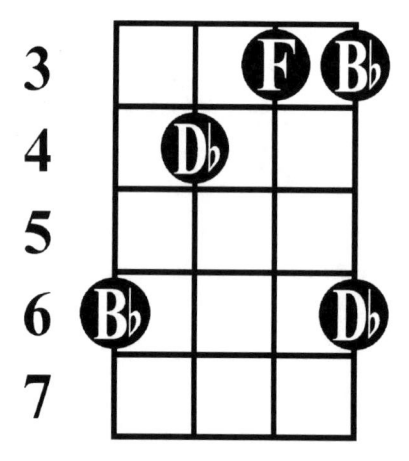

```
    ·   F  B♭
3   ·  ·  ·
    · D♭ ·
4   ·  ·  ·
5   ·  ·  ·
   B♭  ·  D♭
6
7
```

Fm

```
   F  ·  A♭
1
2
      C  F
3
   A♭
4
5
```

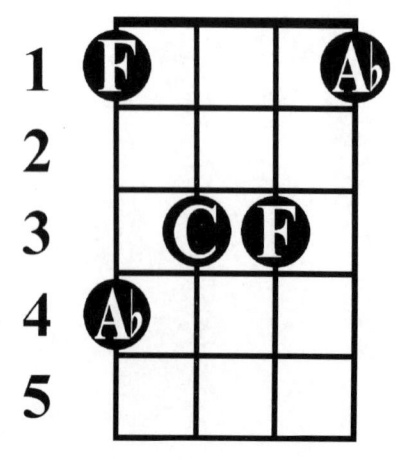

Seventh

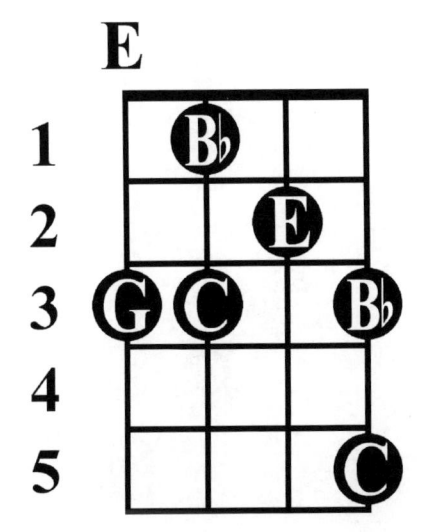

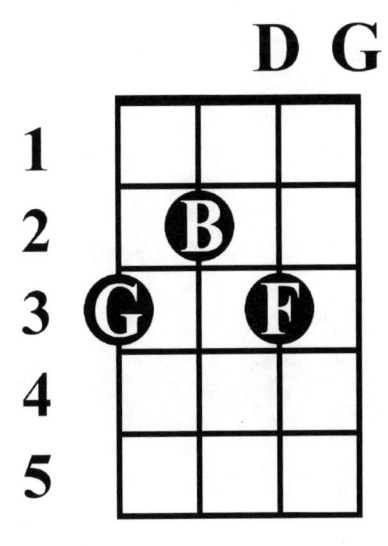

C7

G7

Seventh

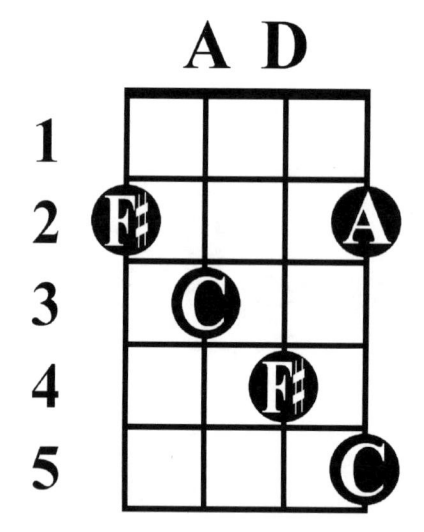

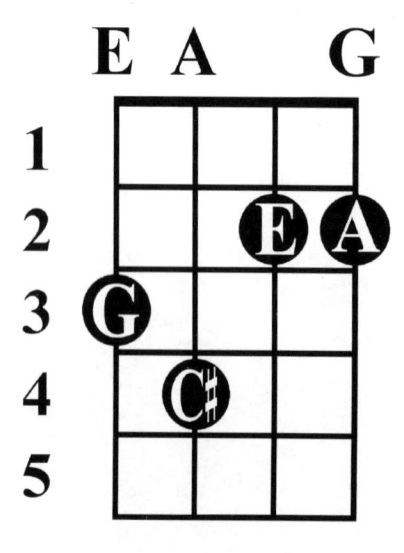

D7

A7

Seventh

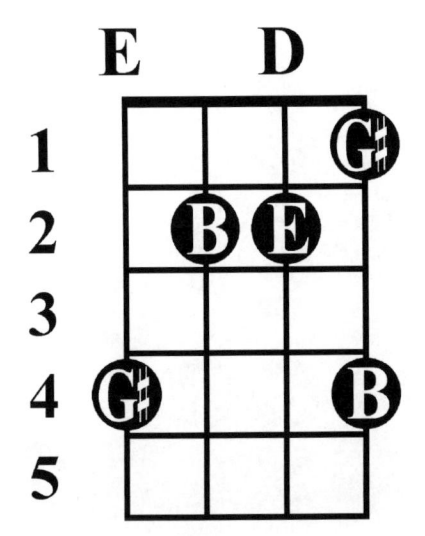

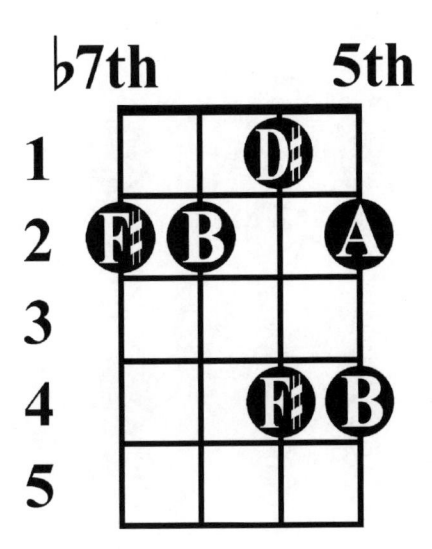

E7

B7

Seventh

G♭7 / F♯7

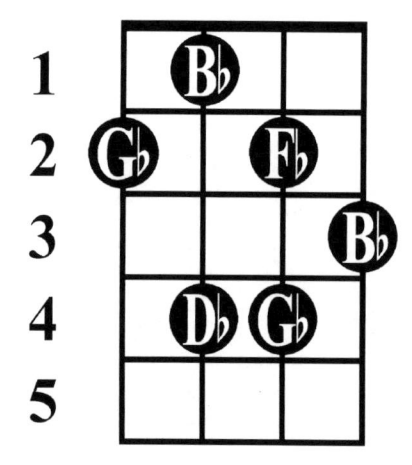

```
    ┌───┬─B♭┬───┐
  1 │   │   │   │
    ├─G♭┼───┼─F♭┤
  2 │   │   │   │
    ├───┼───┼───┤
  3 │   │   │ B♭│
    ├───┼─D♭┼─G♭┤
  4 │   │   │   │
  5
```

D♭7

```
    ┌─F─┬───┬─A♭┐
  1 │   │   │   │
    ├───┼─C♭┼───┤
  2 │   │   │   │
    ├───┼───┼─F─┤
  3 │   │   │   │
    ├─A♭┼─D♭┼─C♭┤
  4 │   │   │   │
  5
```

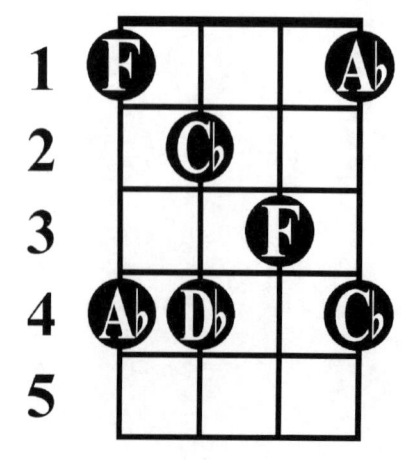

Seventh

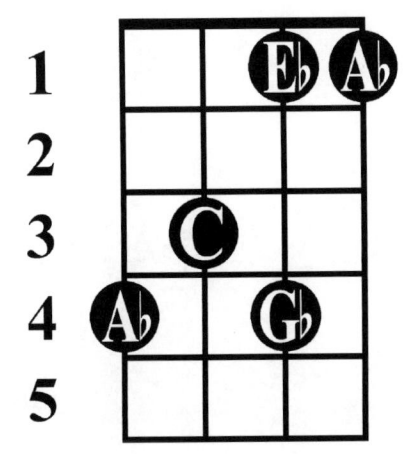

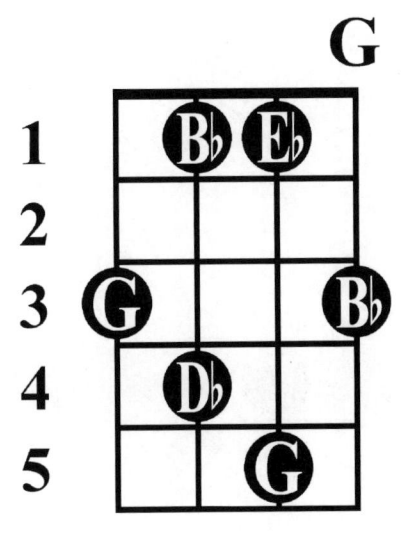

A♭7

E♭7

Seventh

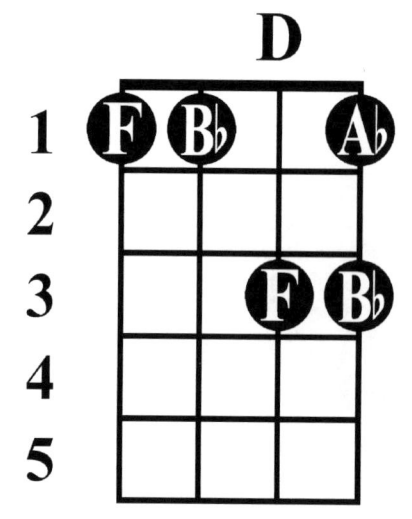

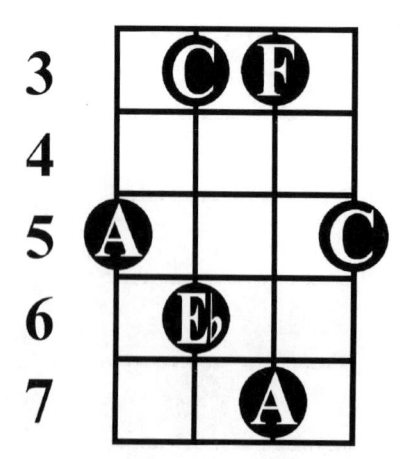

B♭7

F7

Major 7th

Cma7

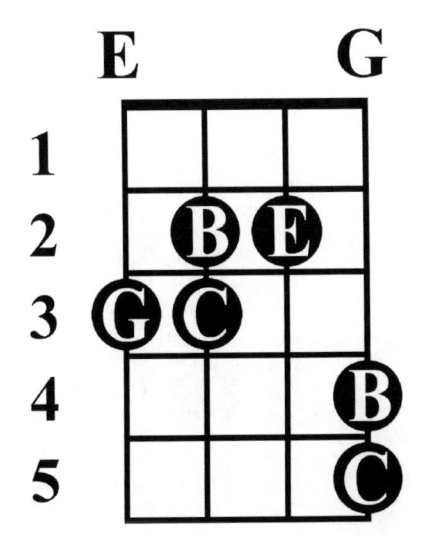

Gma7

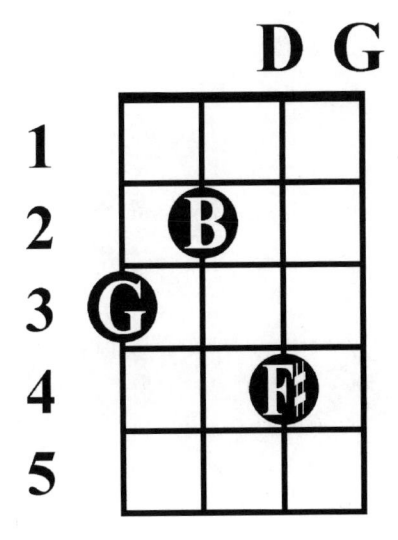

Major 7th

Dma7

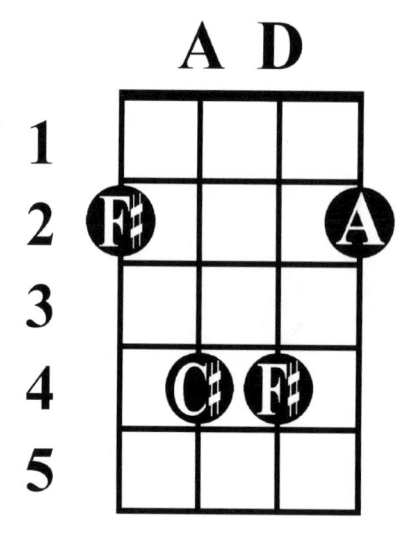

```
    A D
   ┌─┬─┬─┐
1  │ │ │ │
   ├─┼─┼─┤
2  F#│ │ A
   ├─┼─┼─┤
3  │ │ │ │
   ├─┼─┼─┤
4  │ C#│F#
   ├─┼─┼─┤
5  │ │ │ │
```

Ama7

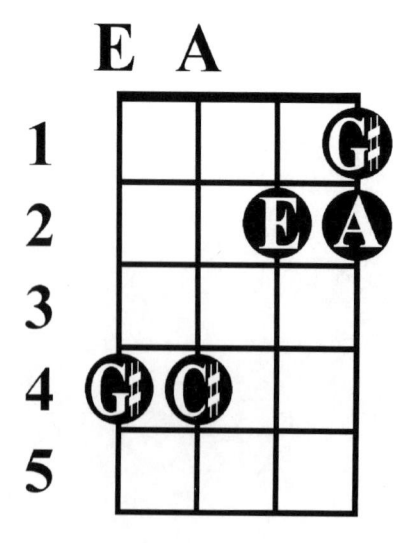

```
    E A
   ┌─┬─┬─┐
1  │ │ │G#
   ├─┼─┼─┤
2  │ │ E A
   ├─┼─┼─┤
3  │ │ │ │
   ├─┼─┼─┤
4  G#C#│ │
   ├─┼─┼─┤
5  │ │ │ │
```

Major 7th

25

Ema7

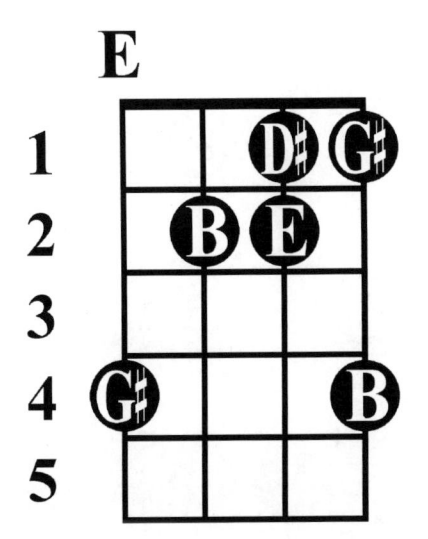

Bma7

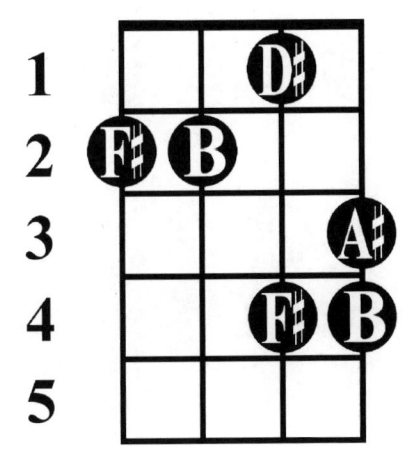

Major 7th

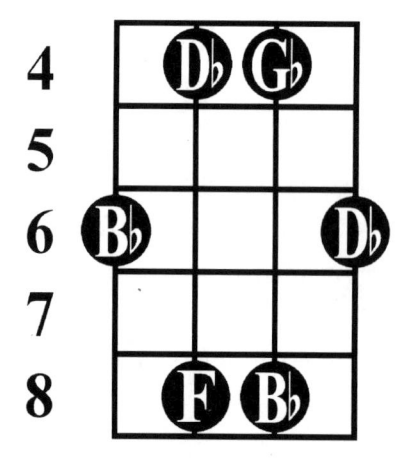

G♭ma7 / F♯ma7

```
    ┌──┬──D♭─G♭─┐
 4  │  │  ●  ●  │
 5  ├──┼──┼──┼──┤
    │  │  │  │  │
 6  ├─B♭─┼──┼─D♭┤
    │●  │  │  ●│
 7  ├──┼──┼──┼──┤
    │  │  │  │  │
 8  ├──┼──F──B♭─┤
       │  ●  ●
```

D♭ma7

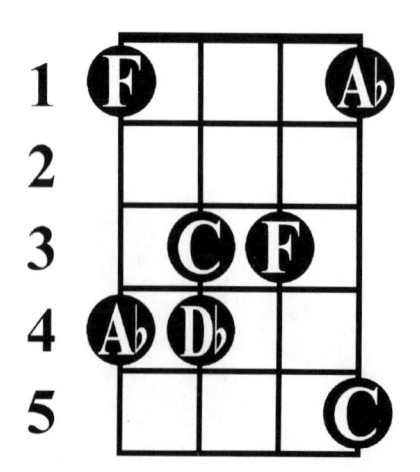

```
    ┌─F──┬──┬─A♭─┐
 1  │●  │  │  ●│
 2  ├──┼──┼──┼──┤
    │  │  │  │  │
 3  ├──┼──C──F──┤
    │  │  ●  ●  │
 4  ├A♭─D♭─┼──┼─┤
    │●  ●│  │  │
 5  ├──┼──┼──┼─C┤
                ●
```

Major 7th

27

A♭ma7

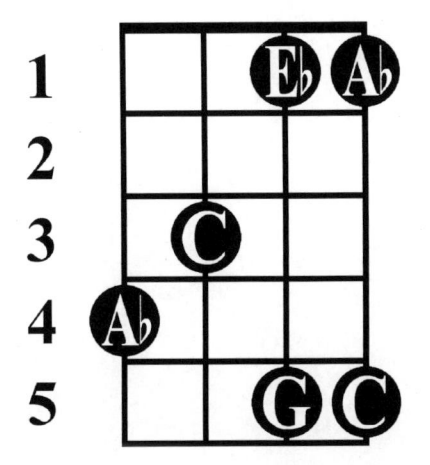

```
        E♭  A♭
1
2
3   C
4 A♭
5       G  C
```

E♭ma7

```
      D  G
       B♭ E♭
1
2
3 G      B♭
4
5
```

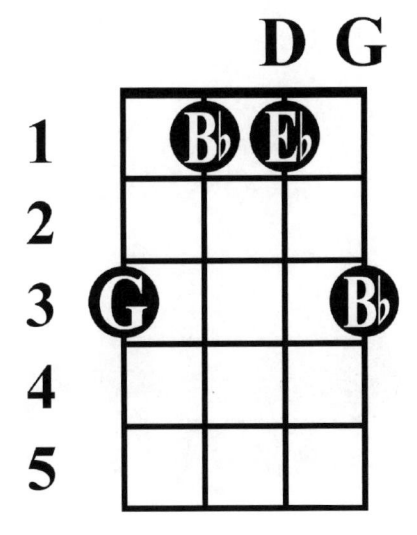

28 Major 7th

B♭ma7

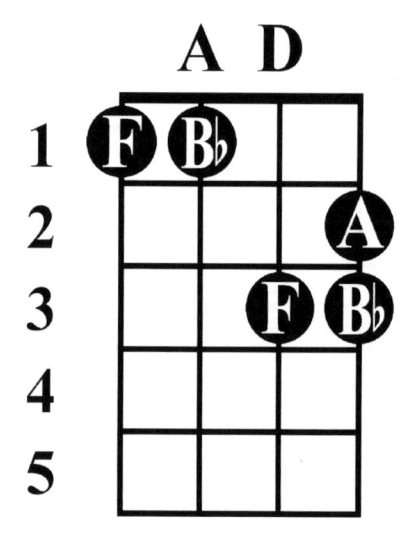

```
    A  D
1  (F)(B♭)
2         (A)
3      (F)(B♭)
4
5
```

Fma7

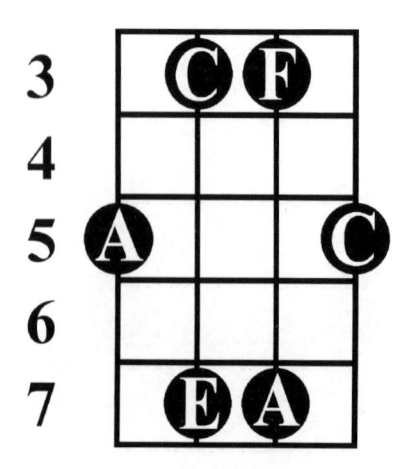

```
3      (C)(F)
4
5  (A)      (C)
6
7      (E)(A)
```

Sixth

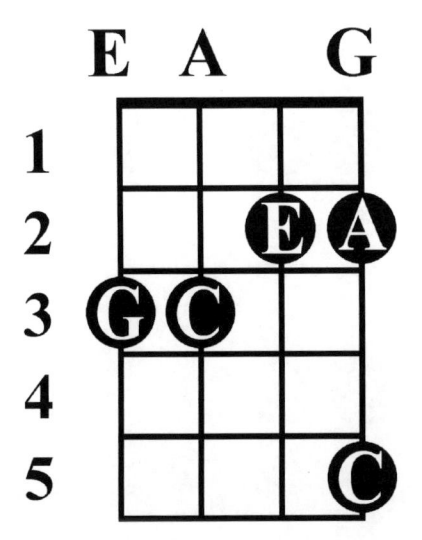

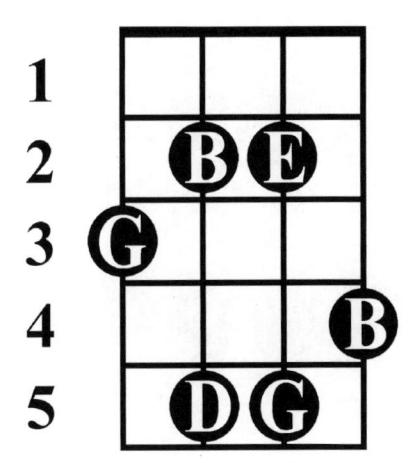

C6

G6

Sixth

D6

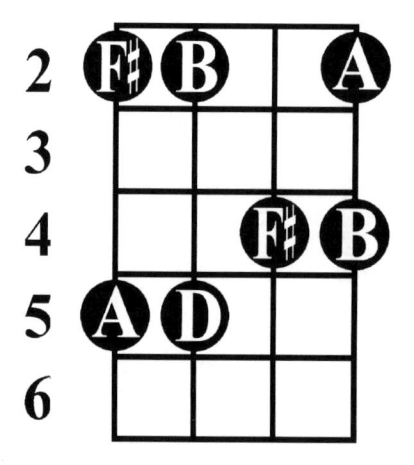

```
   F# B      A
2  ●  ●      ●
3
         F#  B
4        ●   ●
   A  D
5  ●  ●
6
```

A6

```
   E  A
1
   F#    E  A
2  ●     ●  ●
3
         C# F#
4        ●  ●
5
```

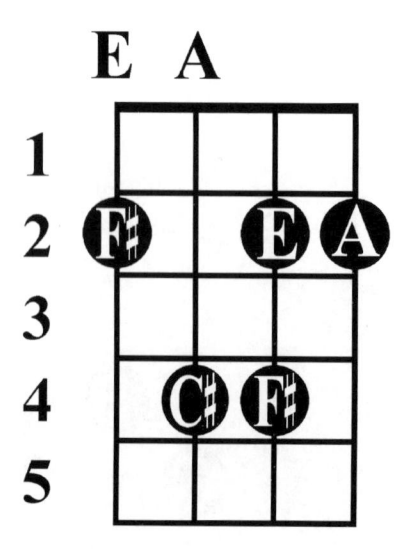

Sixth

E6

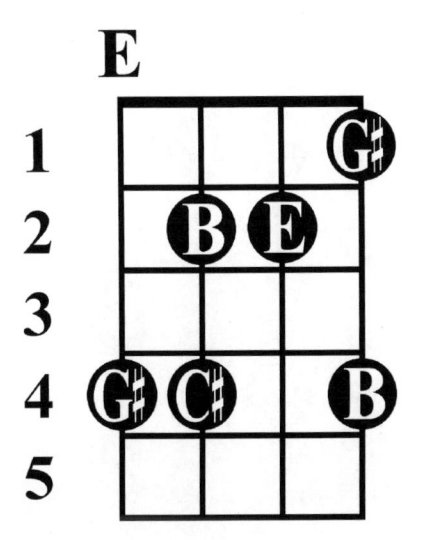

```
     E
    ┌─┬─┬─G♯┐
  1 │ │ │  │
    ├─┼─B─E─┤
  2 │ │ │  │
    ├─┼─┼──┤
  3 │ │ │  │
    G♯─C♯┼─B┤
  4 │ │ │  │
    ├─┼─┼──┤
  5
```

B6

```
    ┌─┬─D♯─G♯┐
  1 │ │ │  │
    F♯─B─┼──┤
  2 │ │ │  │
    ├─┼─┼──┤
  3 │ │ │  │
    G♯─┼─F♯─B┤
  4 │ │ │  │
    ├─┼─┼──┤
  5
```

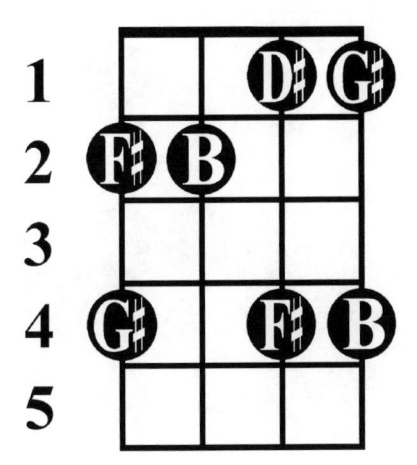

Sixth

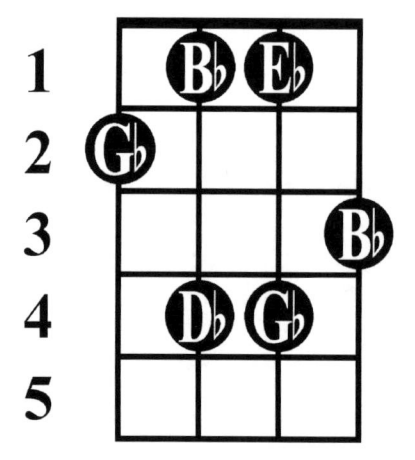

Gb6 / F#6

```
    1   | Bb| Eb|
    2 Gb|   |   |
    3   |   | Bb|
    4   | Db| Gb|
    5   |   |   |
```

Db6

```
    1 F | Bb|   | Ab
    2   |   |   |
    3   |   | F | Bb
    4 Ab| Db|   |
    5   |   |   |
```

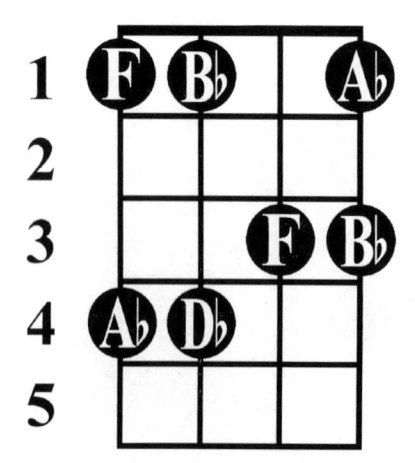

Sixth

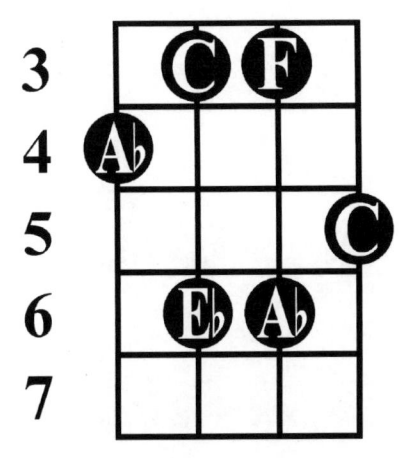

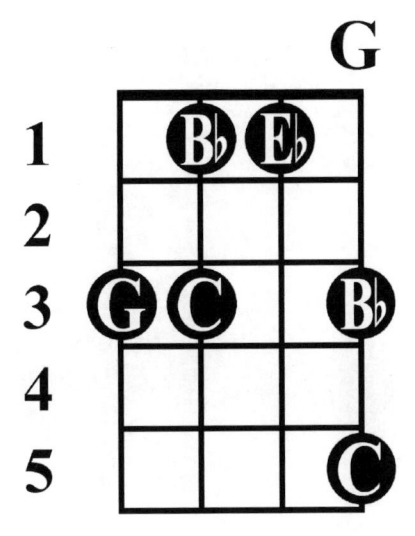

A♭6

E♭6

Sixth

B♭6

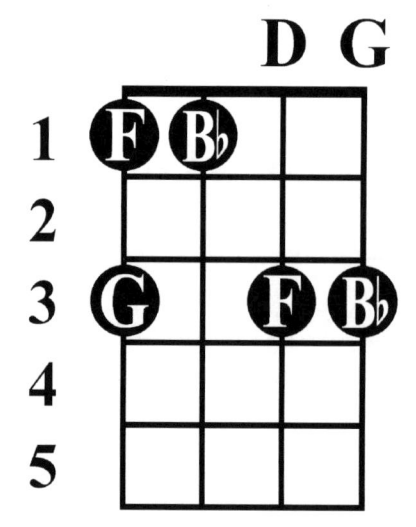

```
      D G
   ┌─┬─┬─┐
1  │F│B♭│ │
   ├─┼─┼─┤
2  │ │ │ │
   ├─┼─┼─┤
3  │G│F│B♭│
   ├─┼─┼─┤
4  │ │ │ │
   ├─┼─┼─┤
5  │ │ │ │
   └─┴─┴─┘
```

F6

```
      A D
   ┌─┬─┬─┐
1  │F│ │ │
   ├─┼─┼─┤
2  │ │ │A│
   ├─┼─┼─┤
3  │ │C│F│
   ├─┼─┼─┤
4  │ │ │ │
   ├─┼─┼─┤
5  │ │ │ │
   └─┴─┴─┘
```

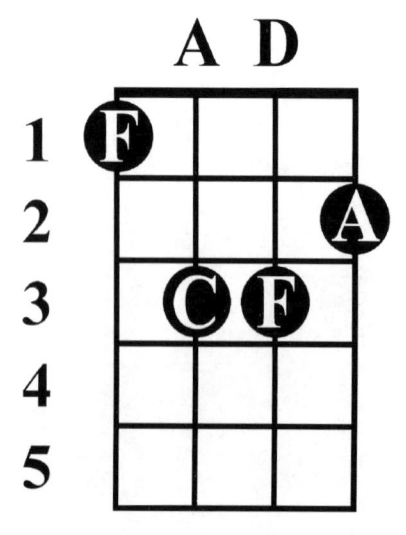

Minor 7th

35

Cm7

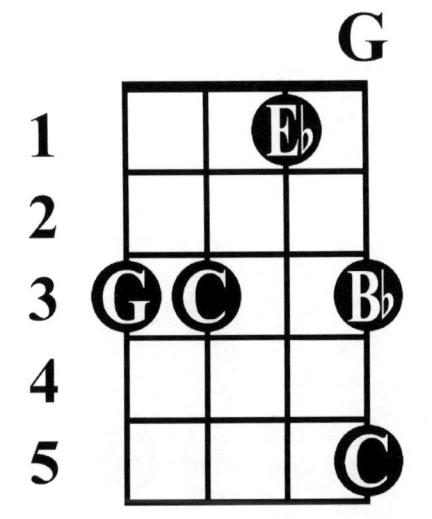

```
        G
    ┌──┬──●─┐
1   │  │ E♭ │
    ├──┼──┼─┤
2   │  │  │ │
    ├──┼──┼─┤
3   ●──●──● │
    G  C  B♭
    ├──┼──┼─┤
4   │  │  │ │
    ├──┼──┼─┤
5   │  │  ● │
              C
```

Gm7

```
      D  G
    ┌──●──┬─┐
1   │ B♭ │ │
    ├──┼──┼─┤
2   │  │  │ │
    ├──┼──┼─┤
3   ●  │  ● │
    G     F
    ├──┼──┼─┤
4   │  │  │ │
    ├──┼──┼─┤
5   │  │  │ │
```

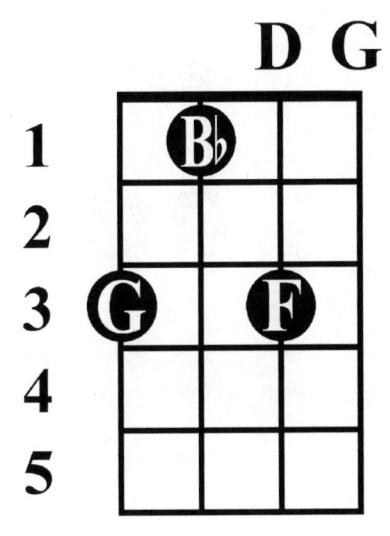

Minor 7th

Dm7

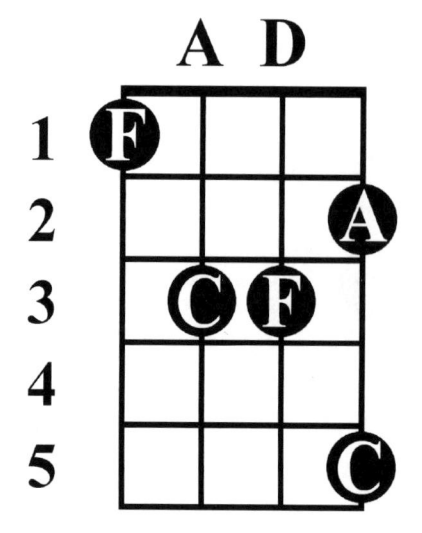

Am7

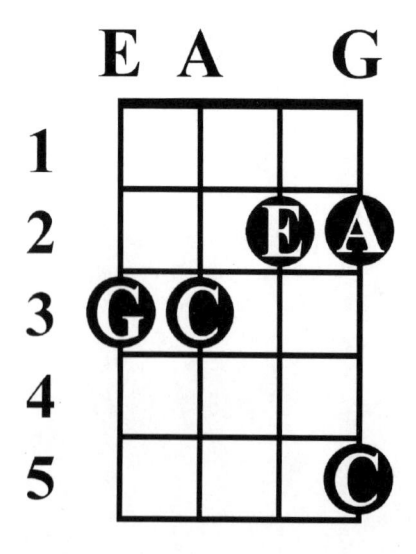

Minor 7th

Em7

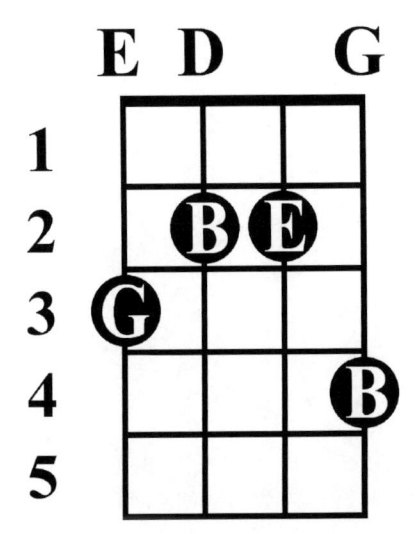

Bm7

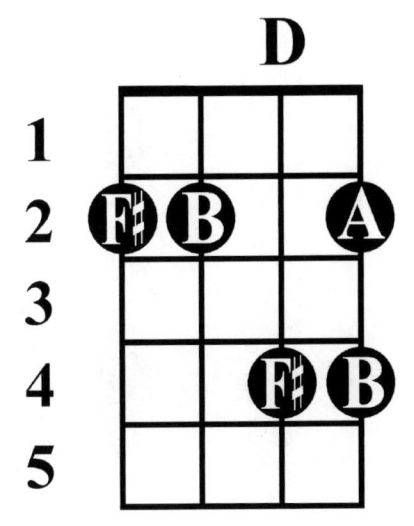

Minor 7th

G♭m7 / F♯m7

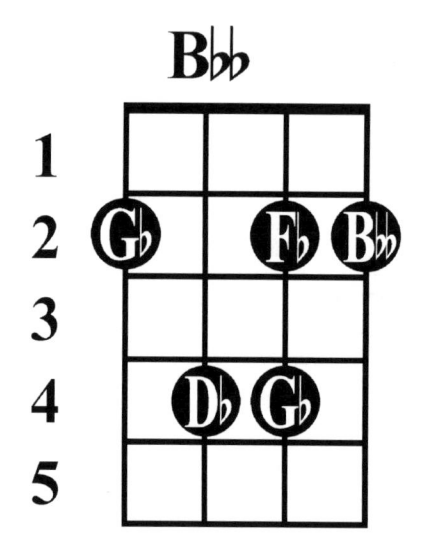

```
        B♭♭
    ┌──┬──┬──┐
1   │  │  │  │
    ├──┼──┼──┤
2   │G♭│  │F♭│B♭♭
    ├──┼──┼──┤
3   │  │  │  │
    ├──┼──┼──┤
4   │  │D♭│G♭│
    ├──┼──┼──┤
5   │  │  │  │
    └──┴──┴──┘
```

D♭m7

```
    ┌──┬──┬──┐
1   │  │  │A♭│
    ├──┼──┼──┤
2   │  │  │F♭│
    ├──┼──┼──┤
3   │  │  │  │
    ├──┼──┼──┤
4   │A♭│D♭│C♭│
    ├──┼──┼──┤
5   │  │  │  │
    └──┴──┴──┘
```

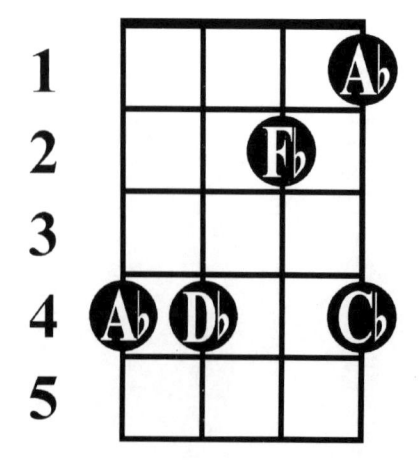

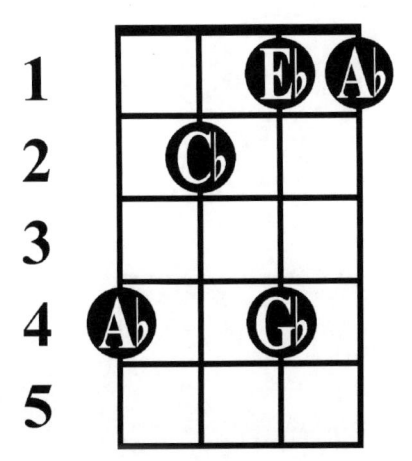

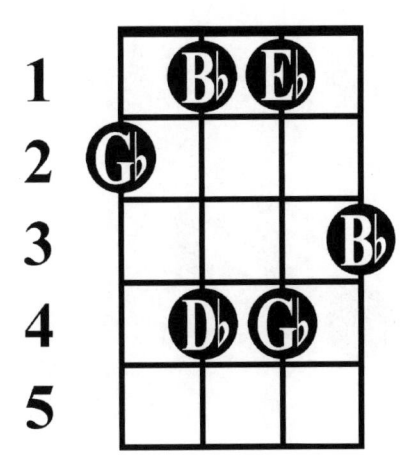

Minor 7th

A♭m7

E♭m7

Minor 7th

B♭m7

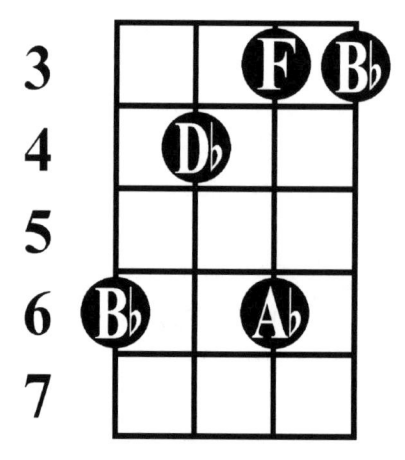

```
3  |   | F |B♭|
4  |D♭|   |   |
5  |   |   |   |
6  |B♭|   |A♭|
7  |   |   |   |
```

Fm7

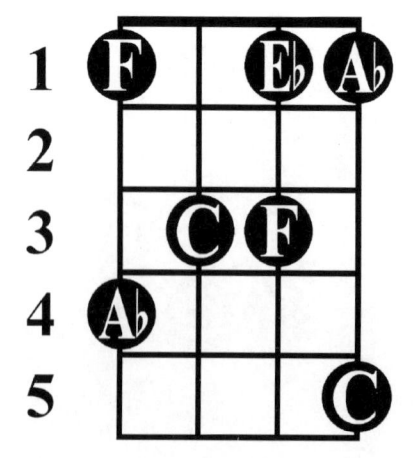

```
1  | F |E♭|A♭|
2  |   |   |   |
3  |   | C | F |
4  |A♭|   |   |
5  |   |   | C |
```

Minor 6th

Cm6

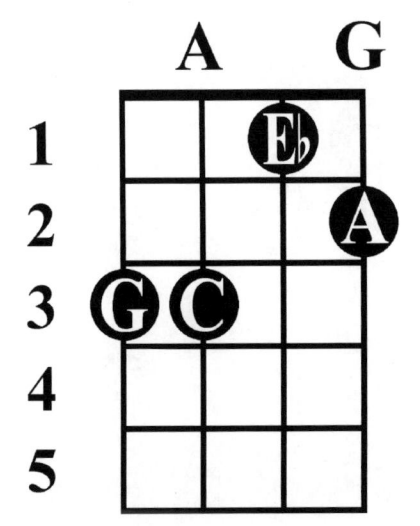

Gm6

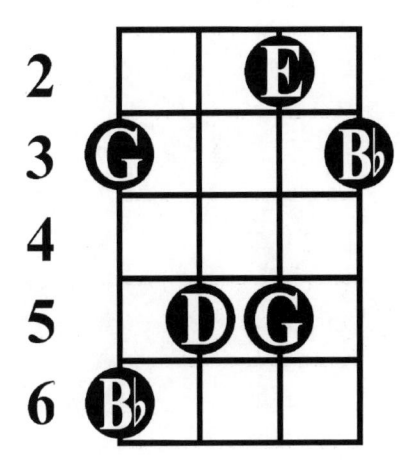

Minor 6th

Dm6

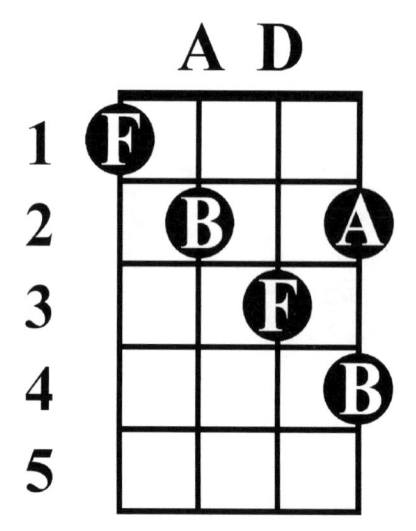

Am6

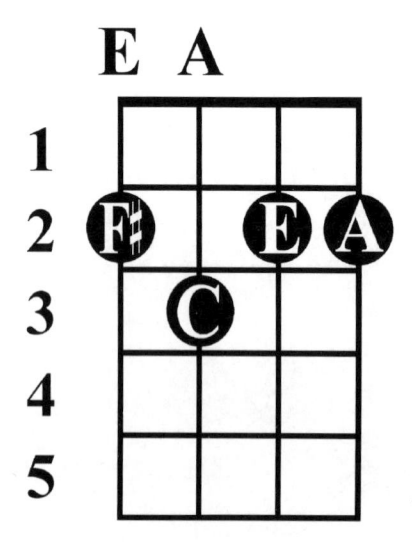

Minor 6th

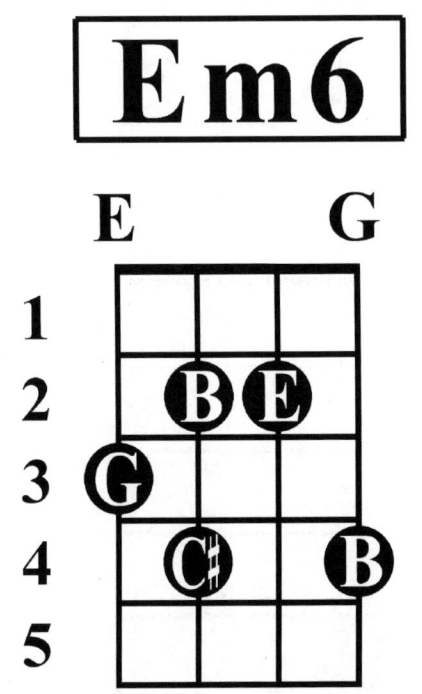

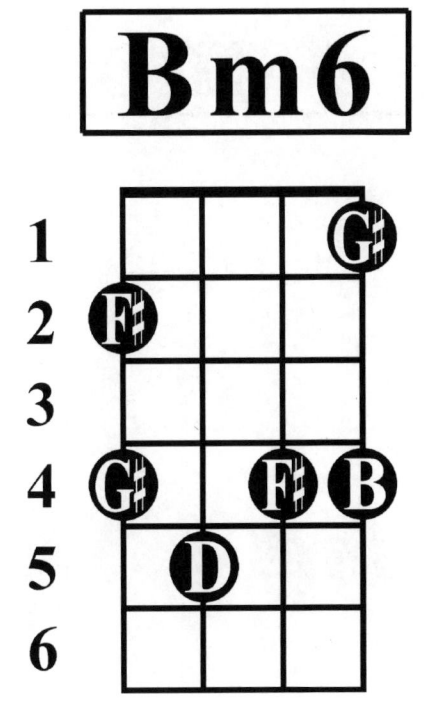

Em6

Bm6

Minor 6th

G♭m6 / F♯m6

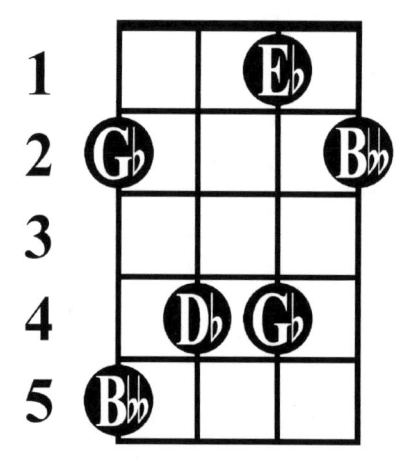

D♭m6

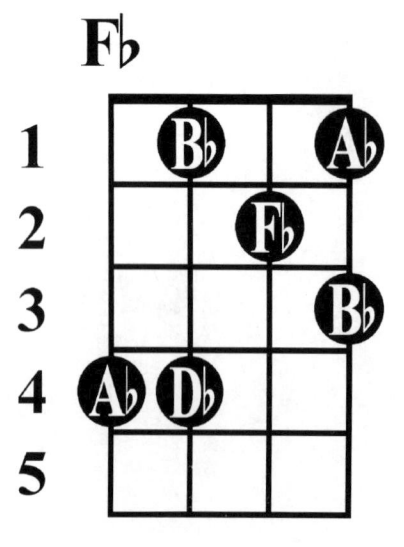

Minor 6th

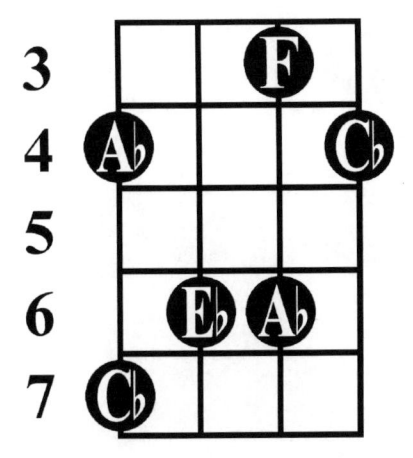

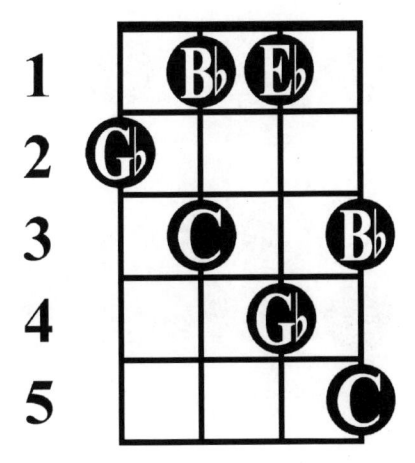

A♭m6

E♭m6

Minor 6th

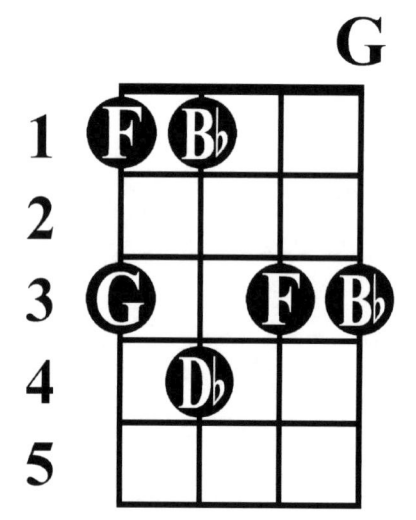

B♭m6

Fm6

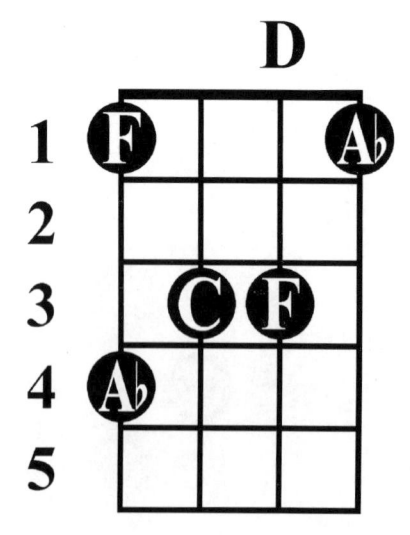

Minor Major7

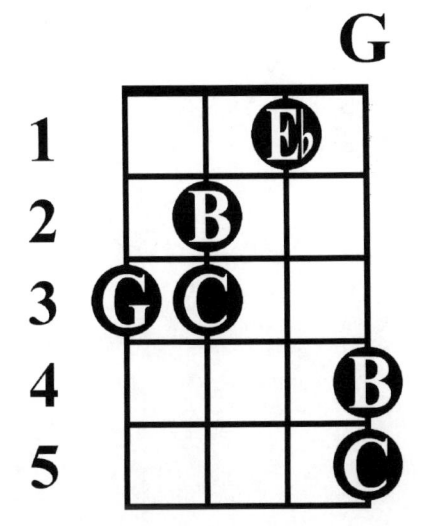

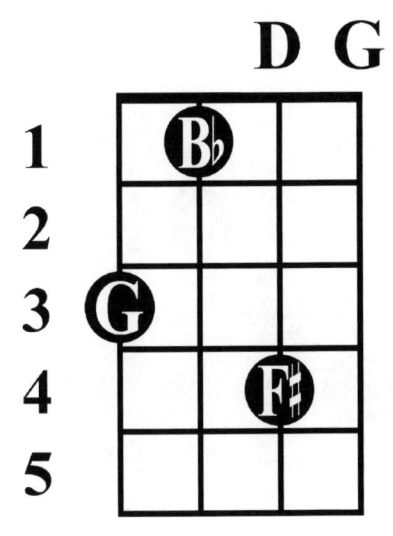

C⁻△7

G⁻△7

48 Minor Major7

D⁻△7

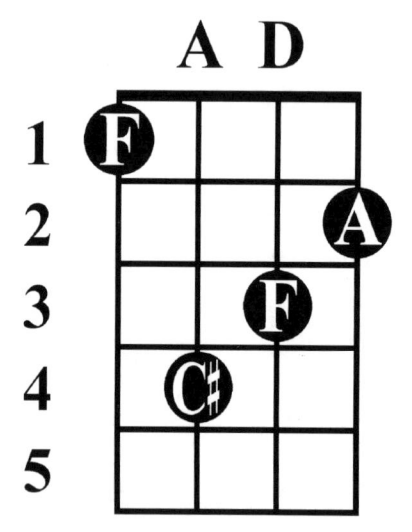

```
   A D
1  F
2      A
3    F
4  C#
5
```

A⁻△7

```
  E A
1        G#
2      E A
3    C
4  G#
5        C
```

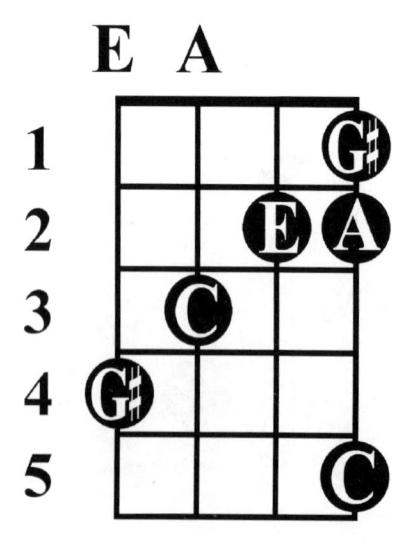

Minor Major7

49

$$E^-\triangle 7$$

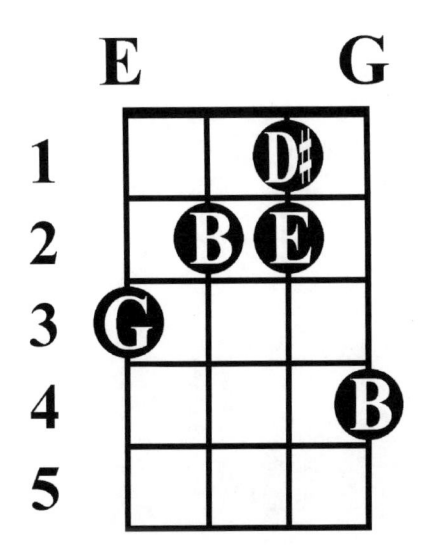

$$B^-\triangle 7$$

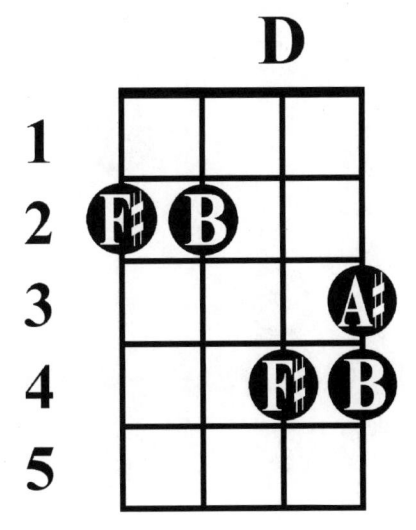

Minor Major7

$G\flat/F\sharp{}^{-}\triangle 7$

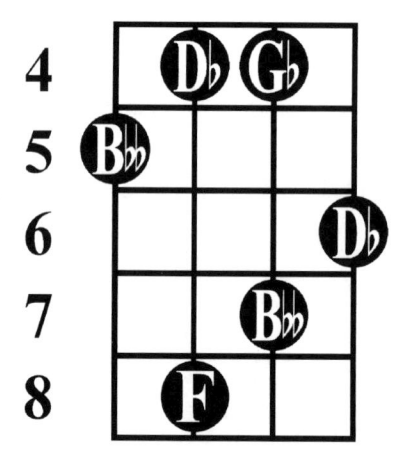

```
4  .  Db Gb
5  Bb .  .
6  .  .  Db
7  .  Bb .
8  .  F  .
```

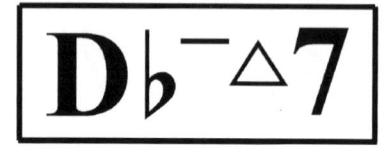

$D\flat{}^{-}\triangle 7$

Fb

```
1  .  .  Ab
2  .  .  Fb
3  .  C  .
4  Ab Db .
5  .  .  C
```

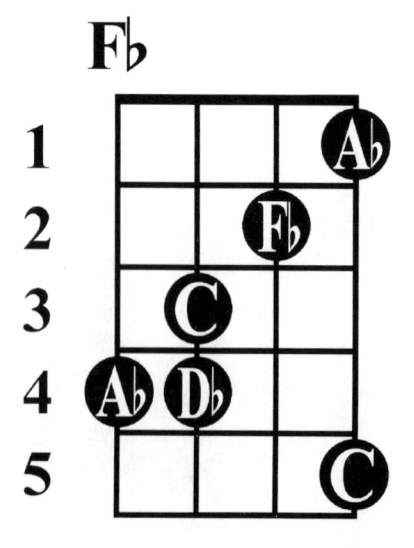

Minor Major 7

51

$A\flat^-\triangle 7$

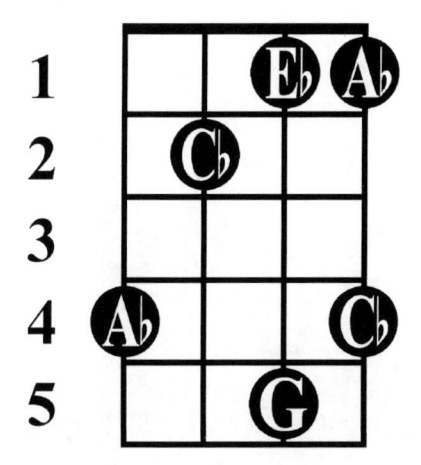

```
        |   | Eb| Ab|
1       |   |   |   |
        |   |Cb |   |
2       |   |   |   |
        |   |   |   |
3       |   |   |   |
        |Ab |   |Cb |
4       |   |   |   |
        |   | G |   |
5
```

$E\flat^-\triangle 7$

```
            D
        |   |Bb |Eb |
1       |   |   |   |
        |Gb |   |   |
2       |   |   |   |
        |   |   |Bb |
3       |   |   |   |
        |   |Gb |   |
4       |   |   |   |
5
```

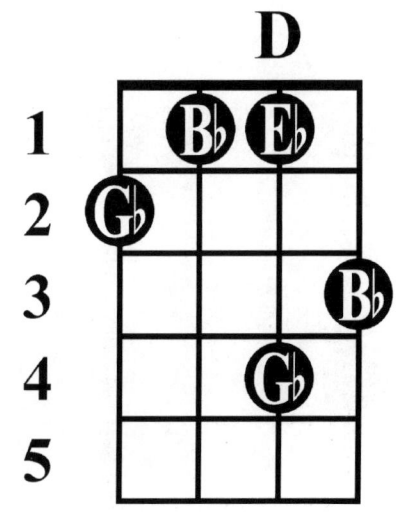

Minor Major7

$$\boxed{B\flat^-\triangle 7}$$

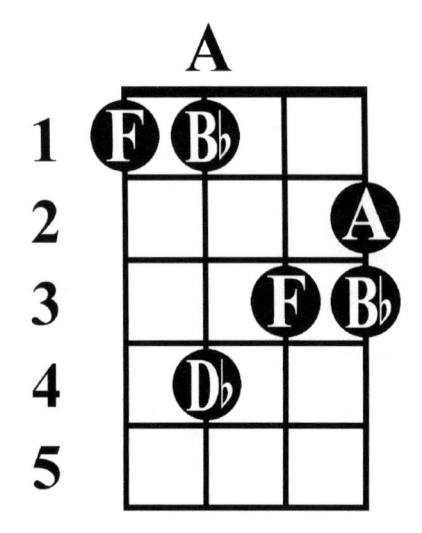

```
        A
    ┌─┬─┬─┐
  1 │F│B♭│ │
    ├─┼─┼─┤
  2 │ │ │A│
    ├─┼─┼─┤
  3 │ │F│B♭│
    ├─┼─┼─┤
  4 │D♭│ │ │
    ├─┼─┼─┤
  5 │ │ │ │
    └─┴─┴─┘
```

$$\boxed{F^-\triangle 7}$$

```
    ┌─┬─┬─┐
  1 │F│E♭│A♭│
    ├─┼─┼─┤
  2 │ │ │ │
    ├─┼─┼─┤
  3 │ │C│F│
    ├─┼─┼─┤
  4 │A♭│ │ │
    ├─┼─┼─┤
  5 │ │ │C│
    └─┴─┴─┘
```

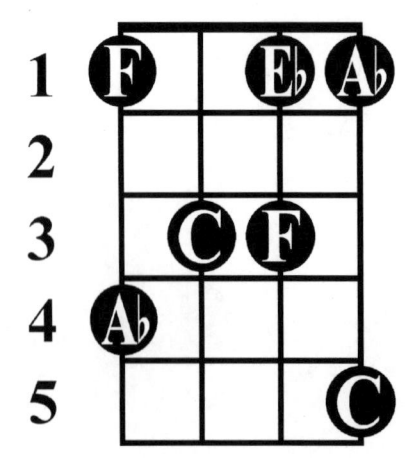

7suspended

C7sus

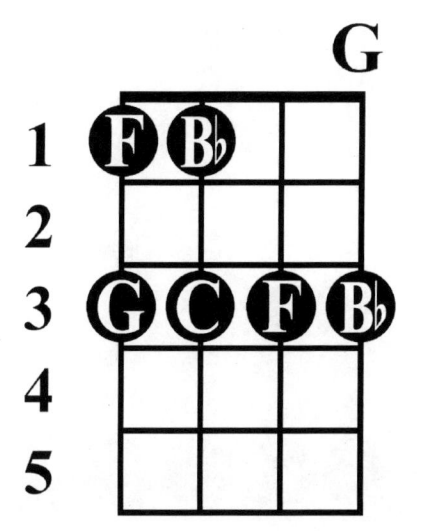

G7sus

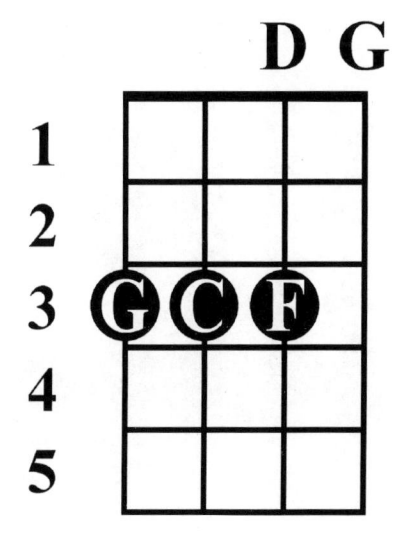

7suspended

D7sus

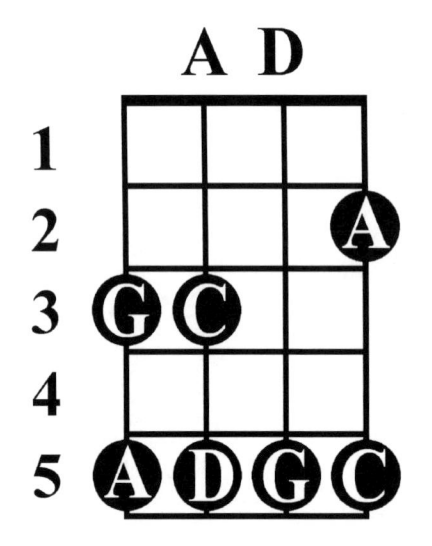

A7sus

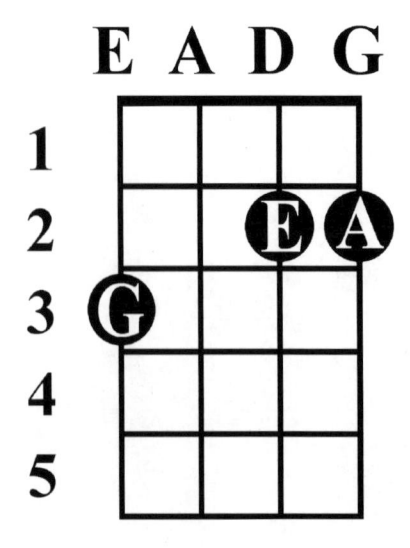

7suspended

E7sus

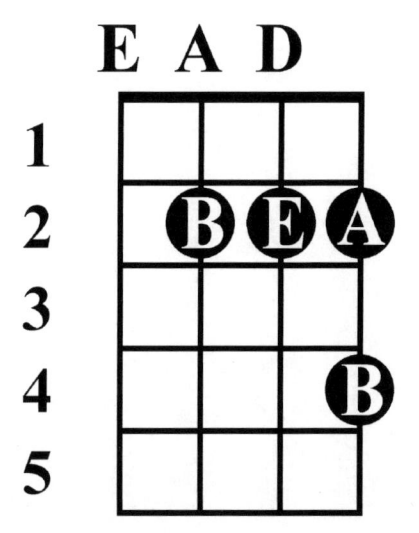

```
    E A D
  1 | | | |
  2 | B E A
  3 | | | |
  4 | | | B
  5 | | | |
```

B7sus

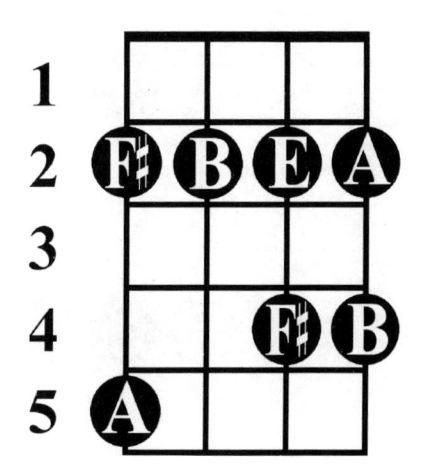

```
  1 | | | |
  2 F# B E A
  3 | | | |
  4 | | F# B
  5 A | | |
```

7suspended

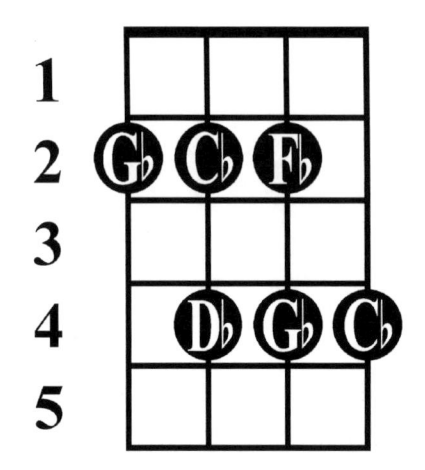

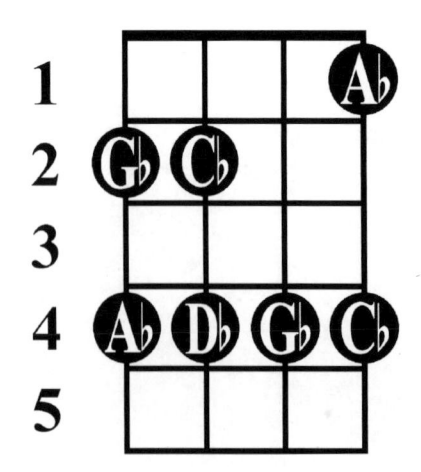

G♭7sus / F♯7sus

D♭7sus

7suspended

Ab7sus

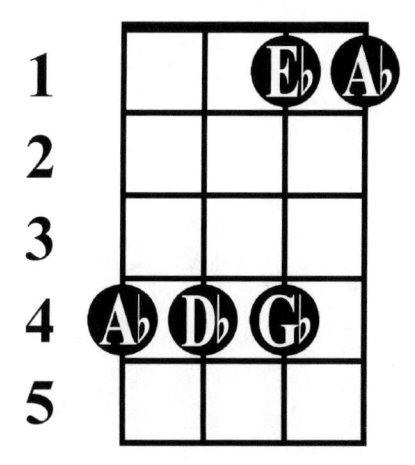

Eb7sus

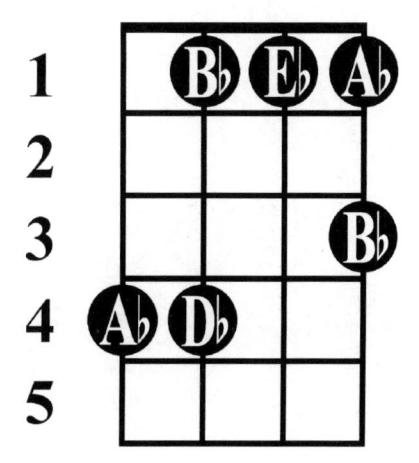

7suspended

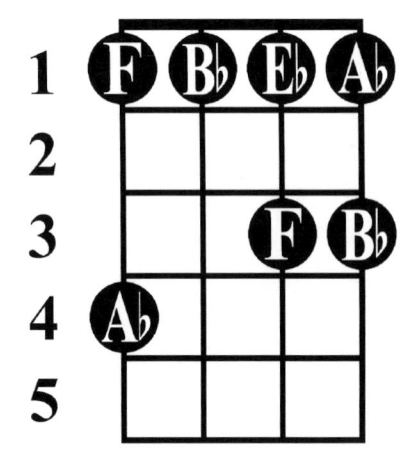

B♭7sus

F7sus

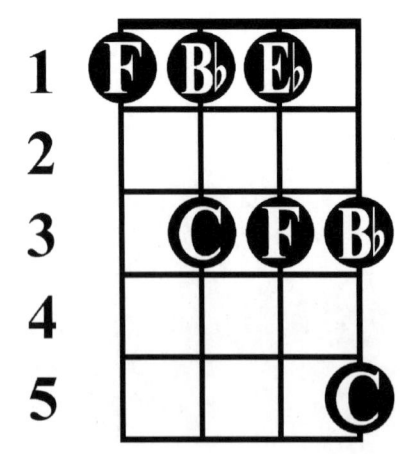

Diminished

B♭°, D♭°, E°, G°

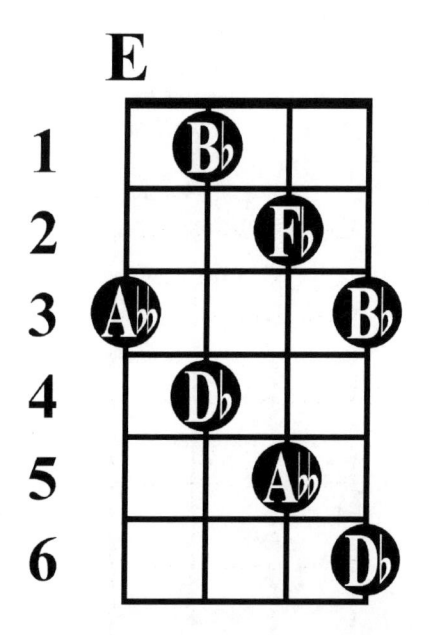

B°, D°, F°, A♭°

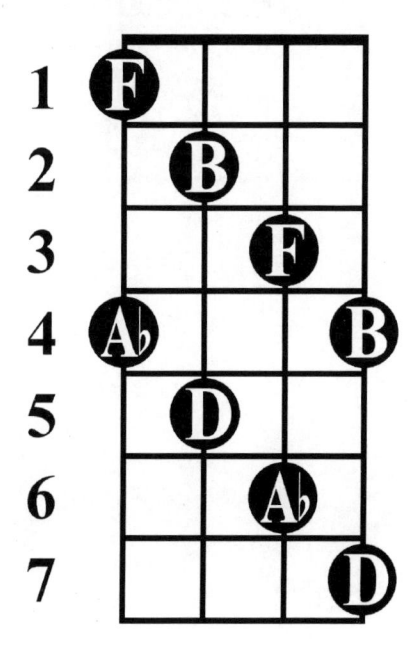

Diminished

$$\boxed{C^\circ, E\flat^\circ, G\flat^\circ, A^\circ}$$

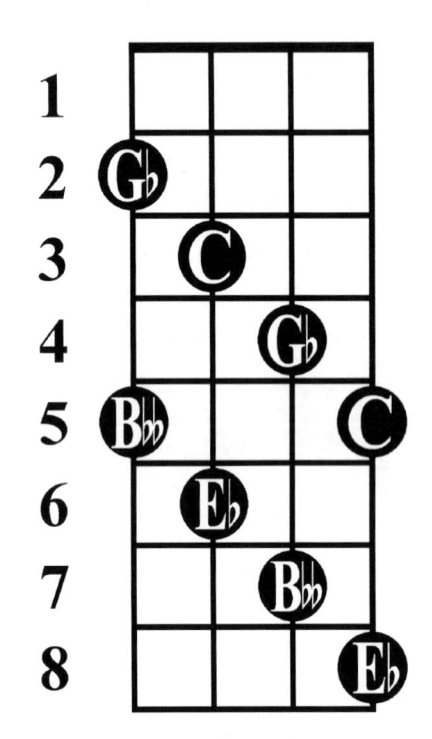

fret			
1			
2	G♭		
3		C	
4			G♭
5	B♭♭		C
6		E♭	
7			B♭♭
8			E♭

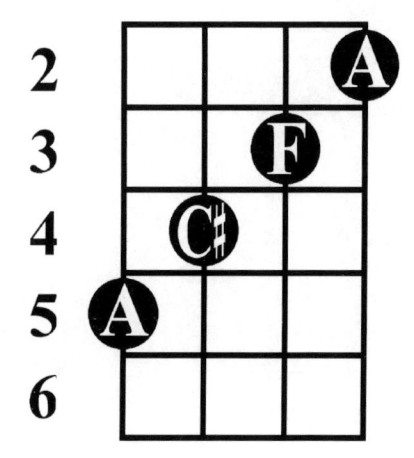

Augmented

G♯⁺/A♭⁺, C⁺, E⁺

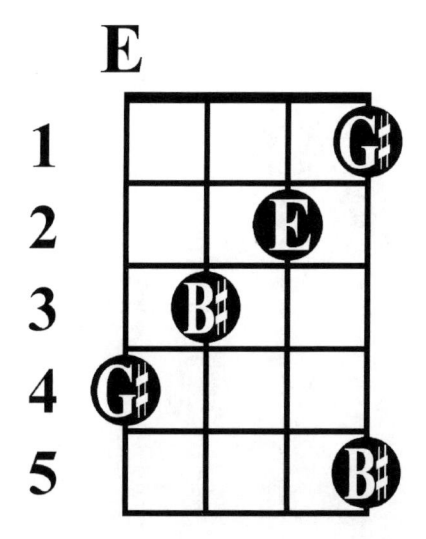

A⁺, D♭⁺/C♯⁺, F⁺

Augmented

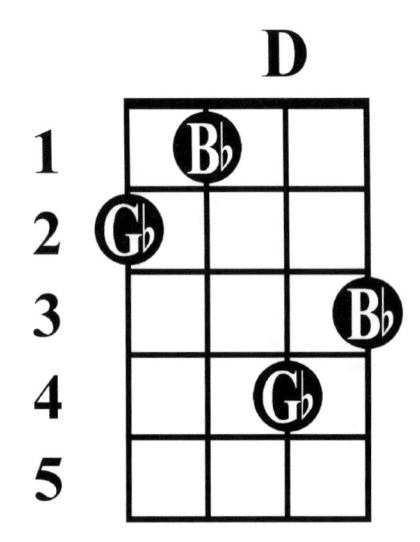

A#+/Bb+, D+, F#+/Gb+

D

G+, B+, D#+/Eb+

G

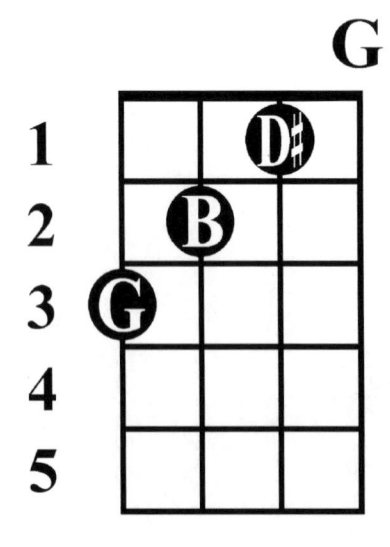

7♯5

C7♯5

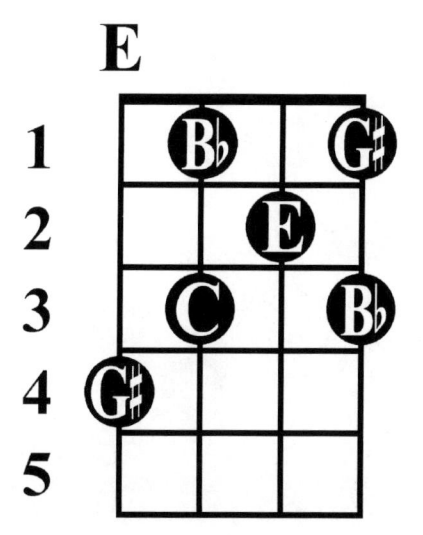

G7♯5

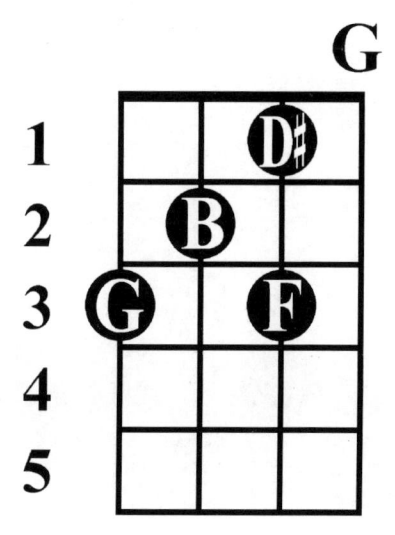

7#5

D7#5

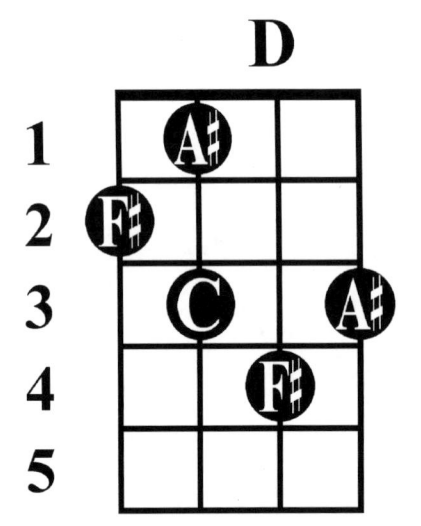

```
      D
   ┌─┬─┬─┐
1  │ │A#│ │
   ├─┼─┼─┤
2  │F#│ │ │
   ├─┼─┼─┤
3  │ │C│A#│
   ├─┼─┼─┤
4  │ │ │F#│
   ├─┼─┼─┤
5  │ │ │ │
```

A7#5

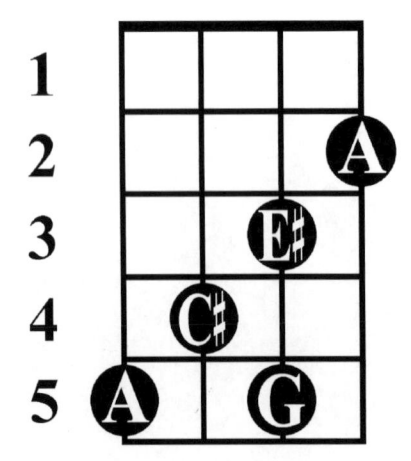

```
   ┌─┬─┬─┐
1  │ │ │ │
   ├─┼─┼─┤
2  │ │ │A│
   ├─┼─┼─┤
3  │ │ │E#│
   ├─┼─┼─┤
4  │ │C#│ │
   ├─┼─┼─┤
5  │A│ │G│
```

7#5

E7#5

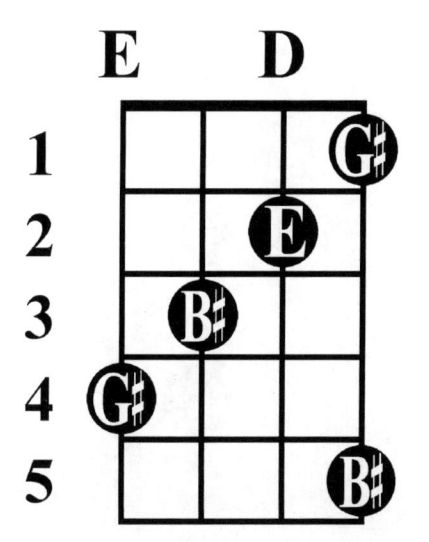

```
     E   D
    ┌───┬───┬───┐
1   │   │   │ G#│
    ├───┼───┼───┤
2   │   │ E │   │
    ├───┼───┼───┤
3   │ B#│   │   │
    ├───┼───┼───┤
4   │G# │   │   │
    ├───┼───┼───┤
5   │   │   │ B#│
    └───┴───┴───┘
```

B7#5

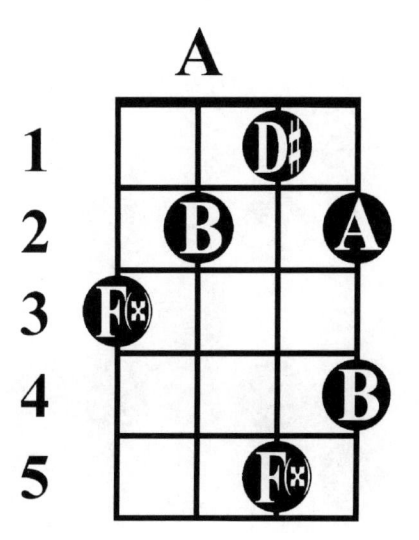

```
         A
    ┌───┬───┬───┐
1   │   │   │ D#│
    ├───┼───┼───┤
2   │   │ B │ A │
    ├───┼───┼───┤
3   │F𝑥 │   │   │
    ├───┼───┼───┤
4   │   │   │ B │
    ├───┼───┼───┤
5   │   │ F𝑥│   │
    └───┴───┴───┘
```

7#5

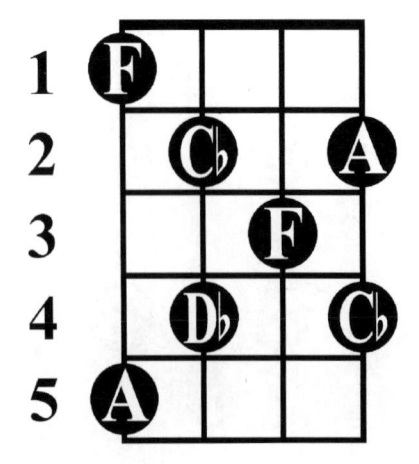

G♭7#5 / F#7#5

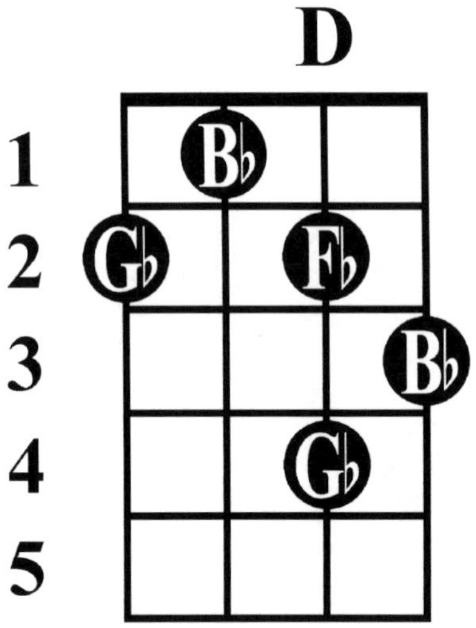

D♭7#5

7#5

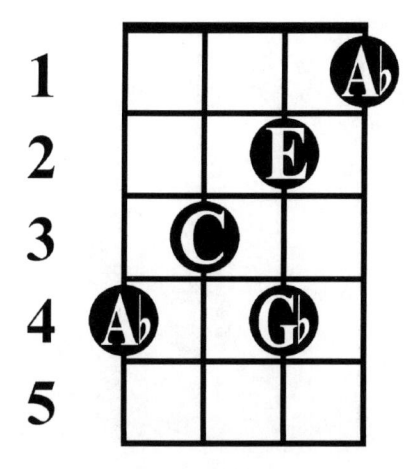

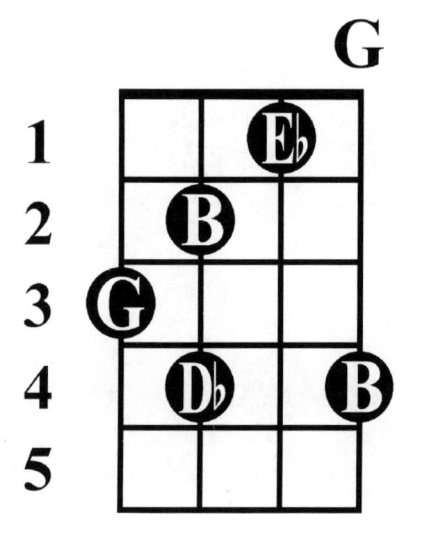

A♭7#5

E♭7#5

7♯5

B♭7♯5

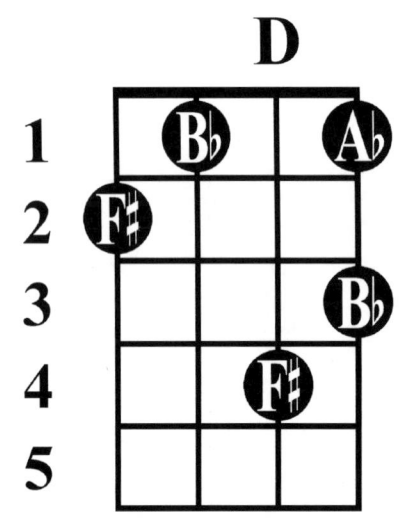

F7♯5

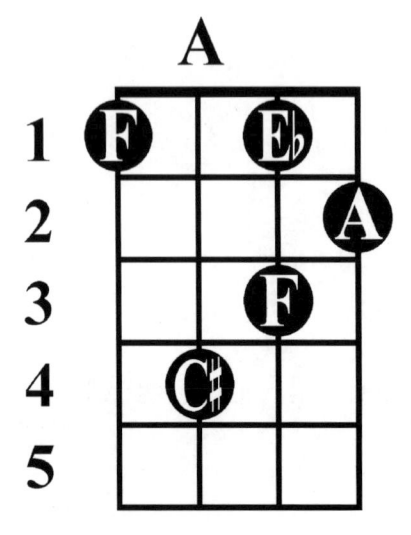

7♭5

C7♭5

```
      E
   ┌──┬──┬──┐
1  │  │B♭│  │
   ├──┼──┼──┤
2  │G♭│  │E │
   ├──┼──┼──┤
3  │  │C │B♭│
   ├──┼──┼──┤
4  │  │  │G♭│
   ├──┼──┼──┤
5  │  │  │C │
   └──┴──┴──┘
```

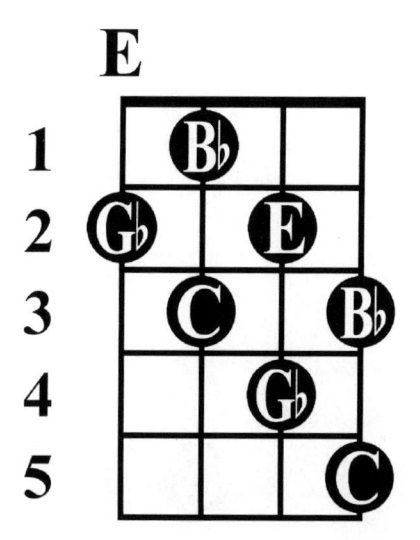

G7♭5

```
         G
   ┌──┬──┬──┐
1  │  │  │  │
   ├──┼──┼──┤
2  │  │B │  │
   ├──┼──┼──┤
3  │G │  │F │
   ├──┼──┼──┤
4  │  │D♭│B │
   ├──┼──┼──┤
5  │  │  │  │
   └──┴──┴──┘
```

D7♭5

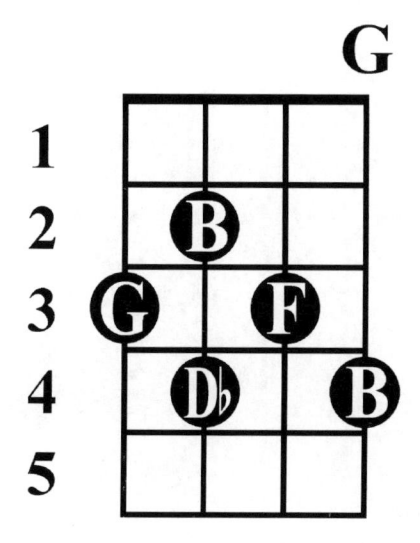

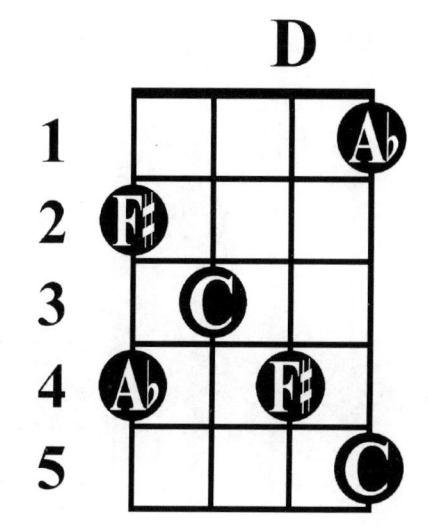

```
         D
   ┌──┬──┬──┐
1  │  │  │A♭│
   ├──┼──┼──┤
2  │F#│  │  │
   ├──┼──┼──┤
3  │  │C │  │
   ├──┼──┼──┤
4  │A♭│  │F#│
   ├──┼──┼──┤
5  │  │  │C │
   └──┴──┴──┘
```

69

7♭5

A7♭5

```
    1 |   |   | E♭|
    2 |   |   | A |
    3 |   |   |   |
    4 |   | C#|   |
    5 | A | G |   |
```

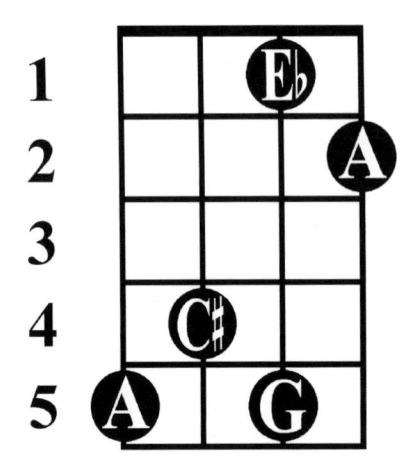

E7♭5

```
        E   D
    1 | B♭|   | G#|
    2 |   | E |   |
    3 |   |   | B♭|
    4 | G#|   |   |
    5 |   |   |   |
```

B7♭5

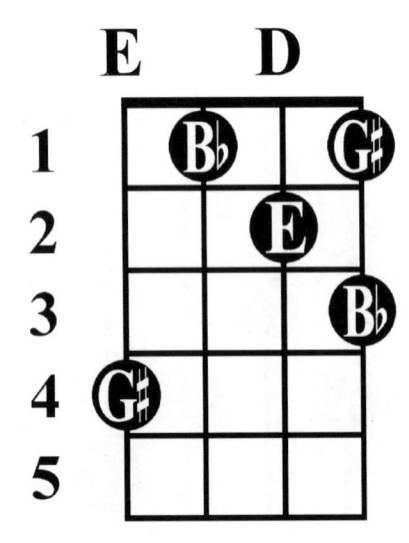

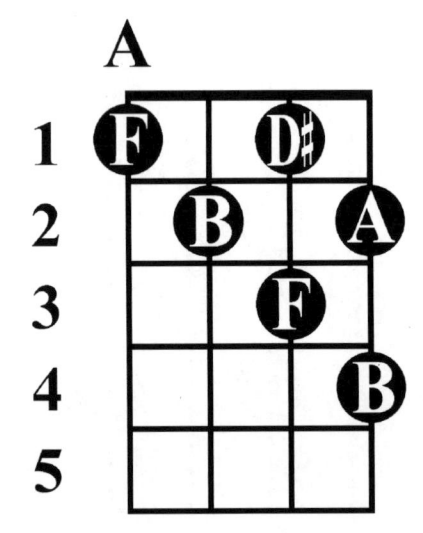

```
        A
    1 | F |   | D#|
    2 |   | B | A |
    3 |   |   | F |
    4 |   |   | B |
    5 |   |   |   |
```

7♭5

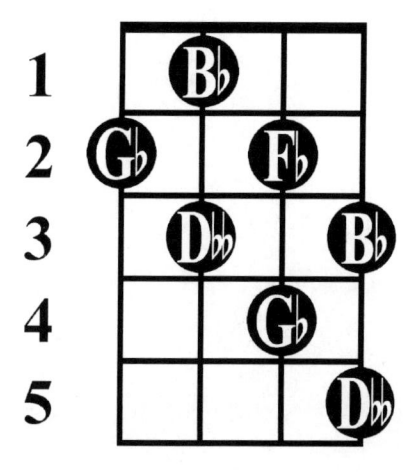

G♭7♭5 / F#7♭5

```
1 | . B♭ .
2 | G♭ . F♭
3 | . D♭♭ B♭
4 | . . G♭
5 | . . D♭♭
```

D♭7♭5

```
1 | F . .
2 | . C♭ .
3 | A♭♭ . F
4 | . D♭ C♭
5 | . A♭♭ .
```

A♭7♭5

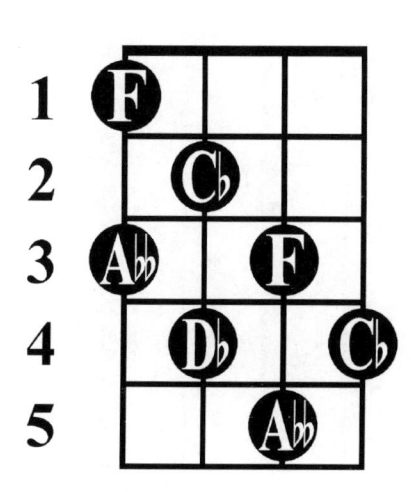

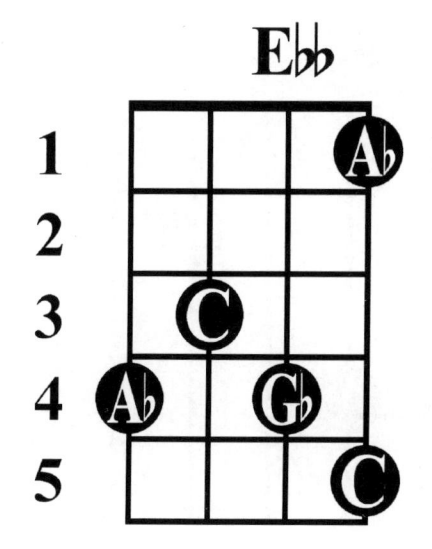

E♭♭
```
1 | . . A♭
2 | . . .
3 | . C .
4 | A♭ G♭ .
5 | . . C
```

71

7♭5

E♭7♭5

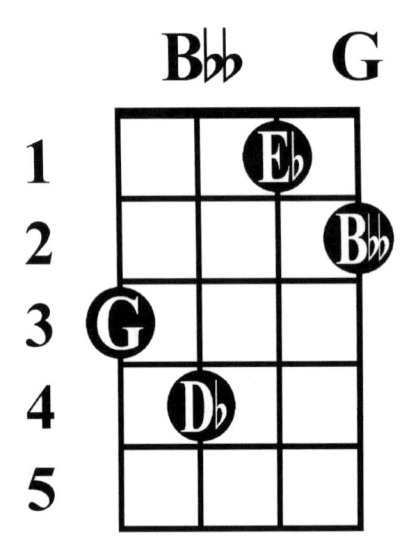

B♭7♭5

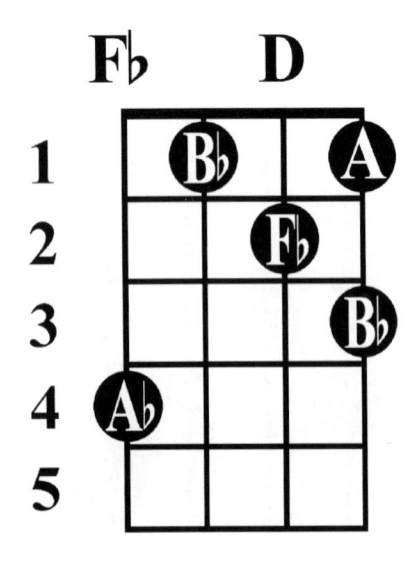

F7♭5

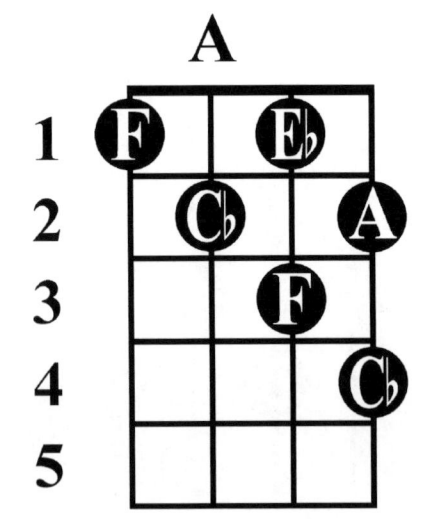

Minor7♭5

73

Cm7♭5

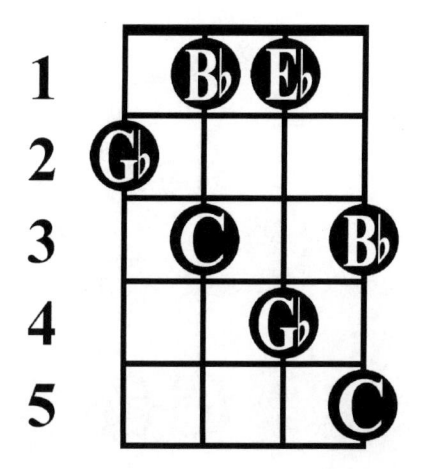

Gm7♭5

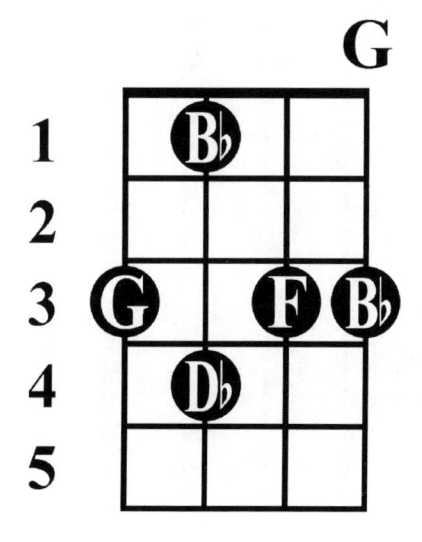

Dm7♭5

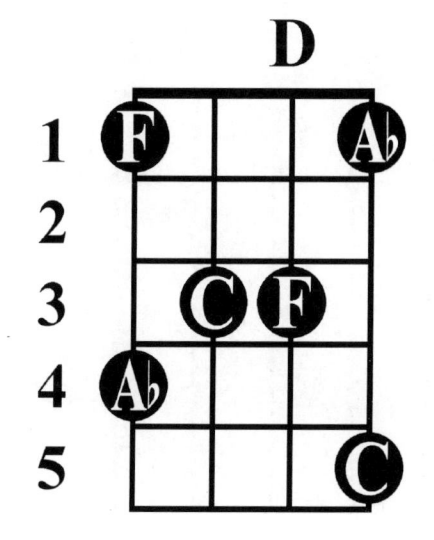

Minor7♭5

Am7♭5

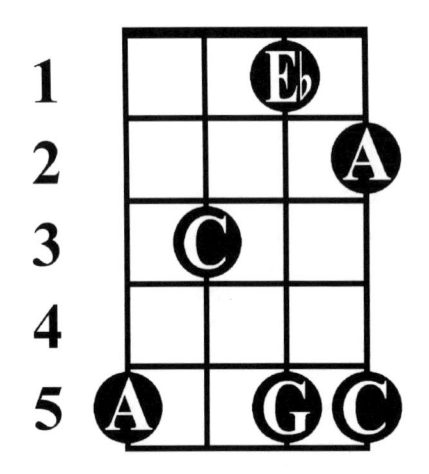

Em7♭5 Bm7♭5

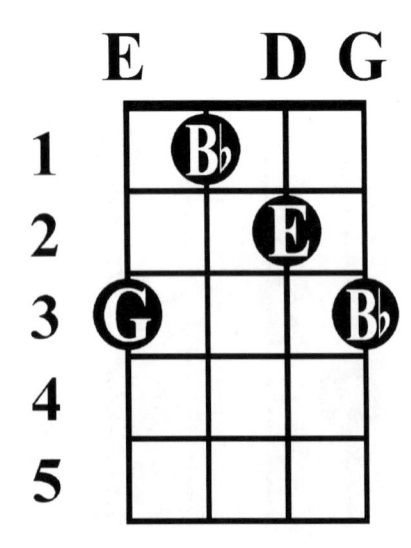

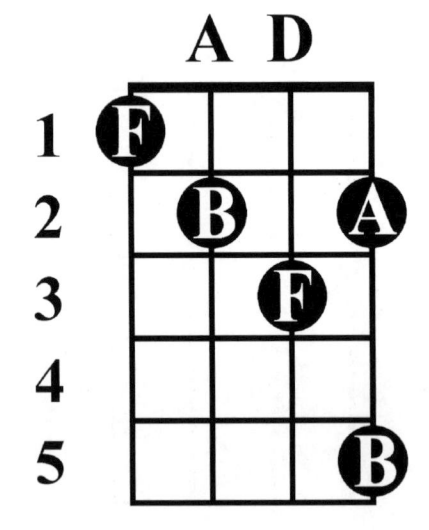

Minor7♭5   75

G♭m7♭5 / F♯m7♭5

B♭♭

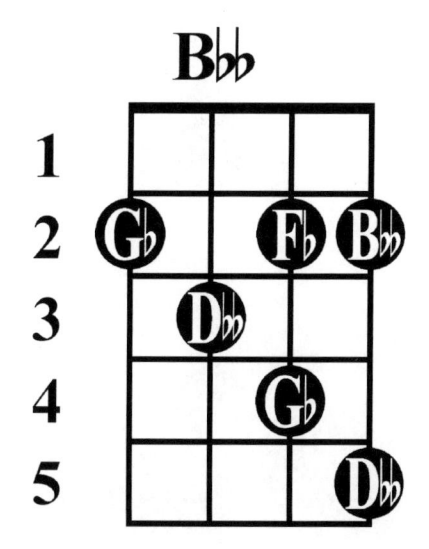

D♭m7♭5

F♭

A♭m7♭5

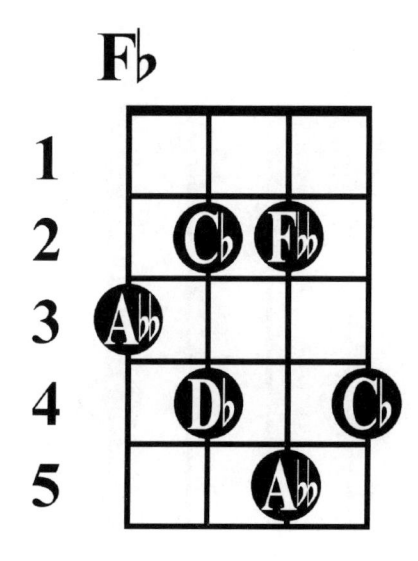

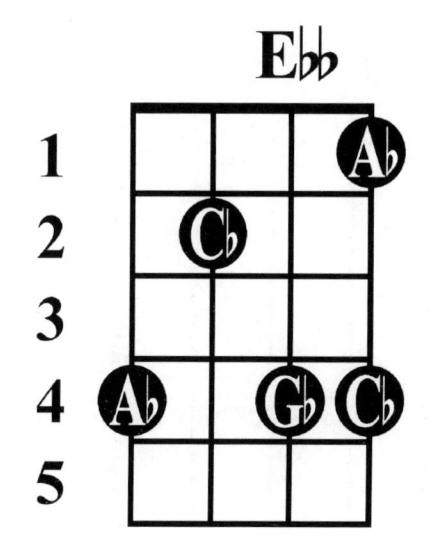

E♭♭

Minor7♭5

E♭m7♭5

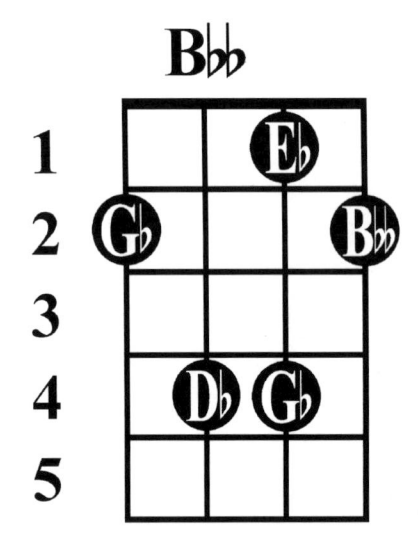

B♭m7♭5

Fm7♭5

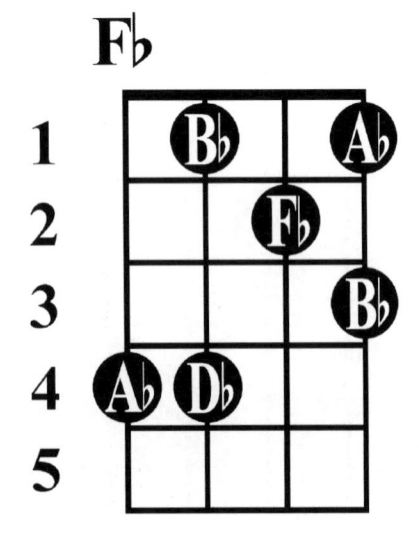

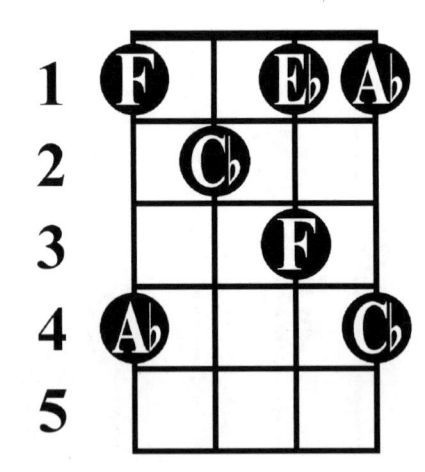

Ninth

C9

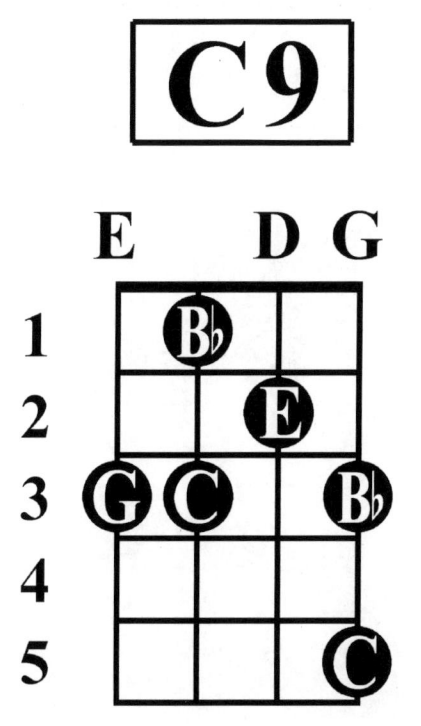

	E	D	G
1		B♭	
2			E
3	G	C		B♭
4			
5			C

G9

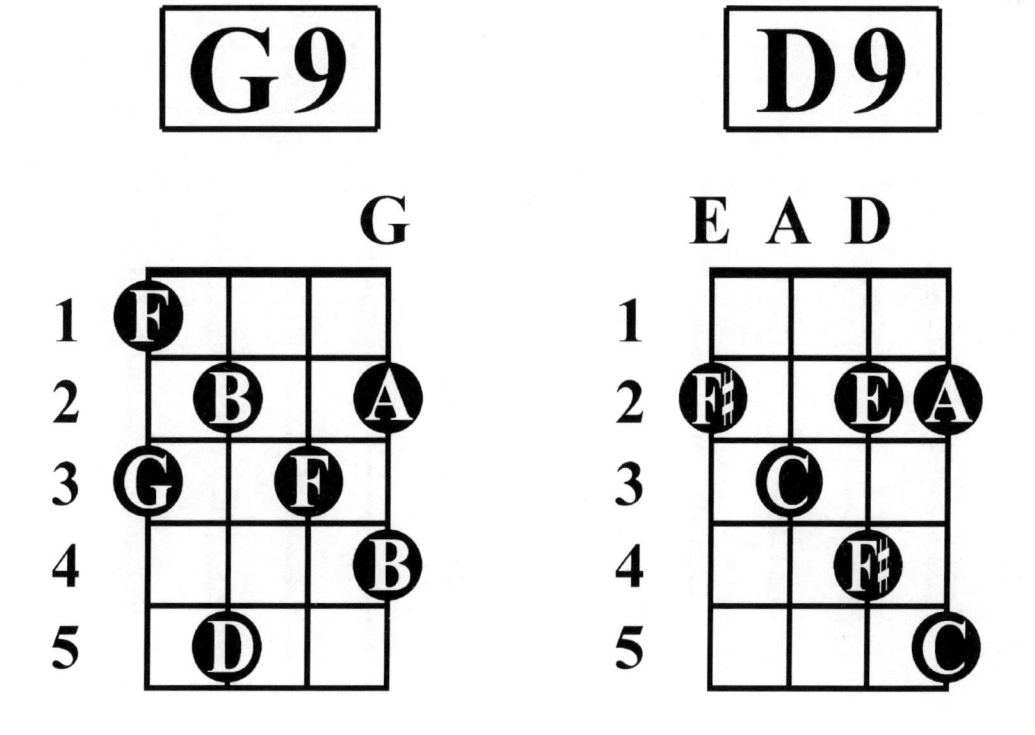

			G
1	F		
2		B	A
3	G		F
4			B
5		D	

D9

	E	A	D
1			
2	F#		E	A
3		C	
4			F#
5			C

Ninth

A9

E9

B9

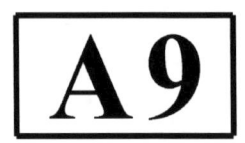

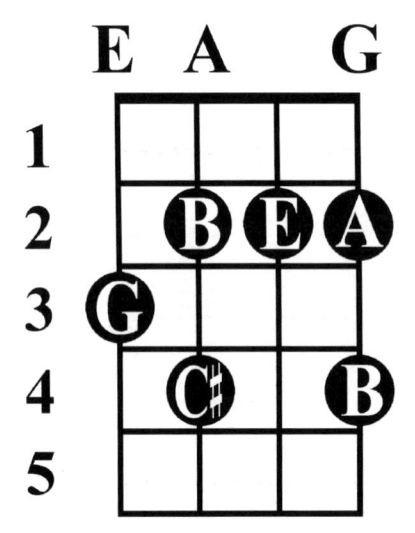

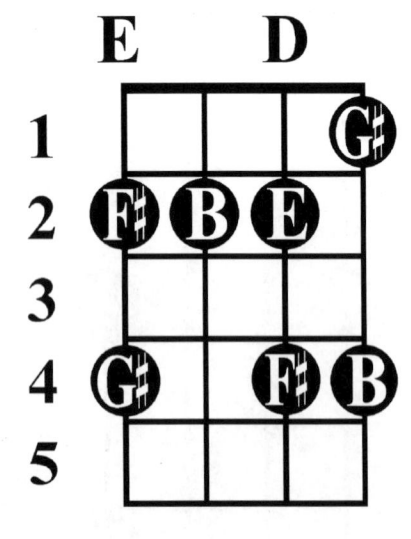

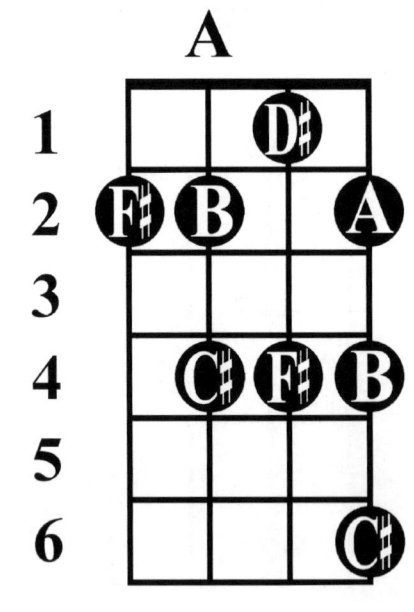

Ninth

Gb9 / F#9

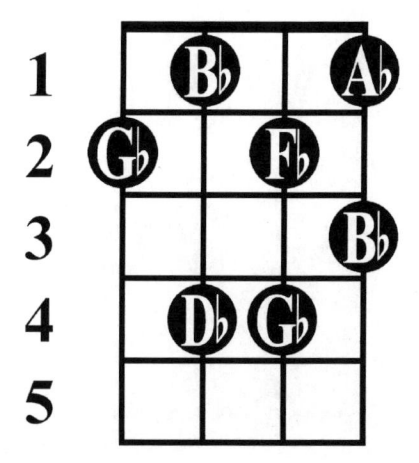

```
    1  | Bb |    | Ab |
    2  Gb |    | Fb |
    3  |    |    | Bb |
    4  |    | Db | Gb |
    5  |    |    |    |
```

Db9

```
    1  F  |    | Eb | Ab |
    2  |    | Cb |    |    |
    3  |    |    | F  |    |
    4  Ab | Db |    | Cb |
    5  |    |    |    |    |
```

Ab9

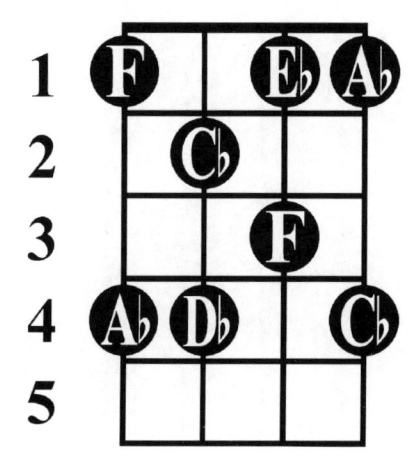

```
    2  |    |    |    |
    3  |    | C  |    | Bb |
    4  Ab |    | Gb |    |
    5  |    |    |    |    |
    6  |    | Eb | Ab |
```

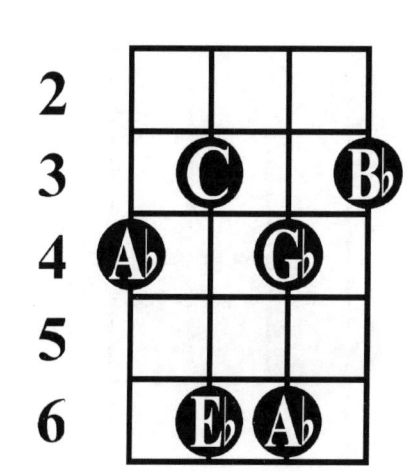

Ninth

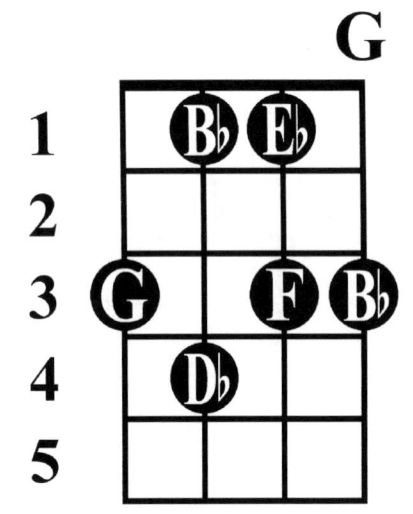

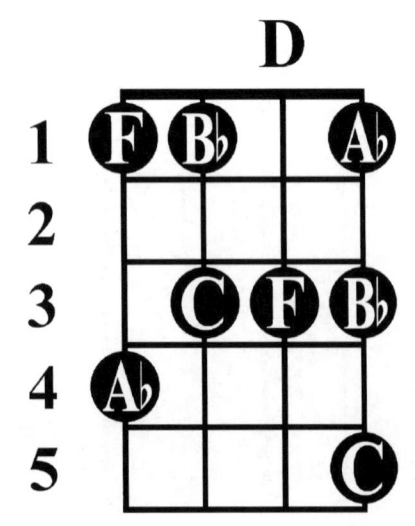

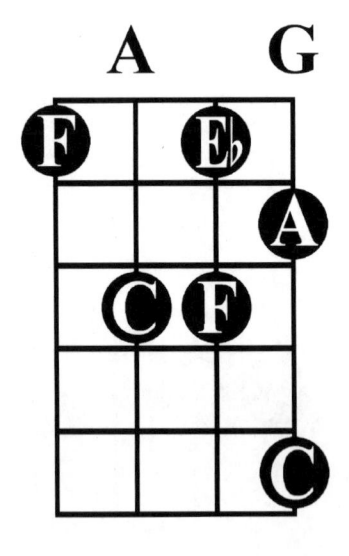

E♭9

B♭9

F9

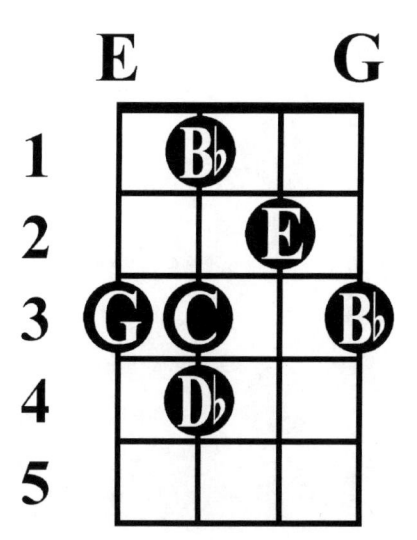

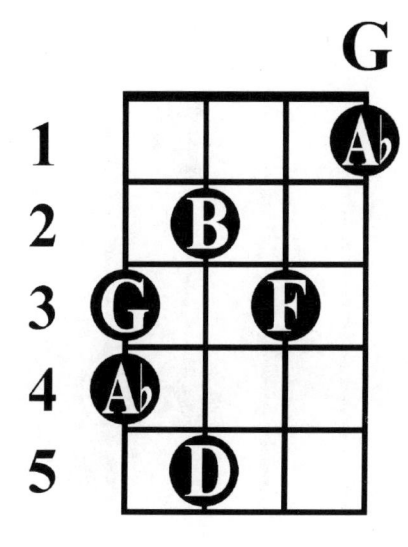

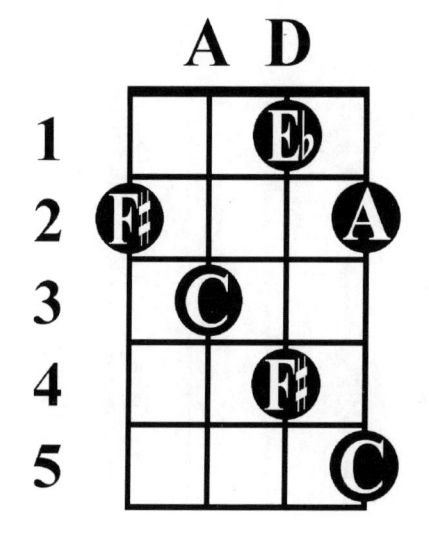

7♭9

C7♭9

G7♭9

D7♭9

7♭9

A7♭9

```
       E  A     G
     ┌──┬──┬──┐
  1  │  │B♭│  │
     ├──┼──┼──┤
  2  │  │  │E A│
     ├──┼──┼──┤
  3  │G │  │B♭│
     ├──┼──┼──┤
  4  │  │C♯│  │
     ├──┼──┼──┤
  5  │  │  │  │
     └──┴──┴──┘
```

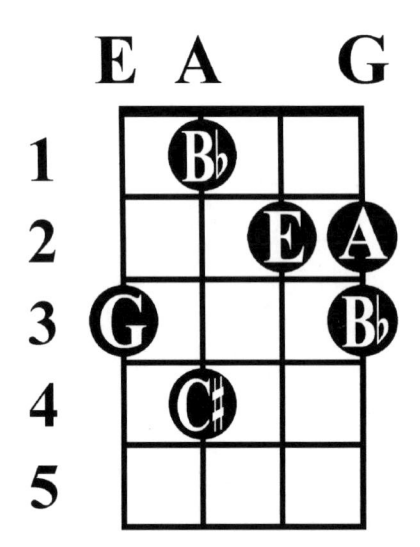

E7♭9

```
     E     D
  1  F        G♯
  2     B  E
  3        F
  4  G        B
  5
```

B7♭9

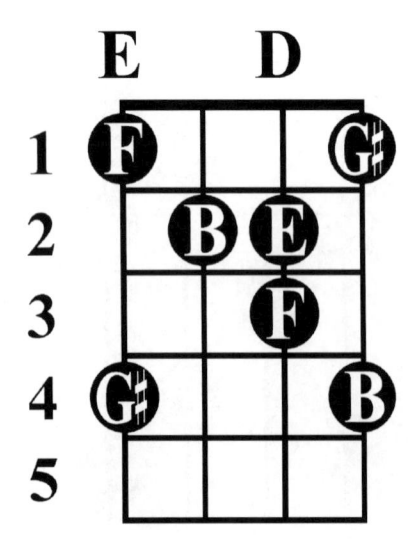

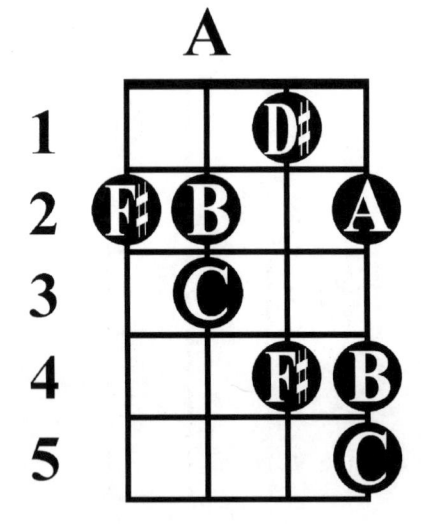

```
           A
  1           D♯
  2  F♯ B     A
  3     C
  4        F♯ B
  5           C
```

7♭9

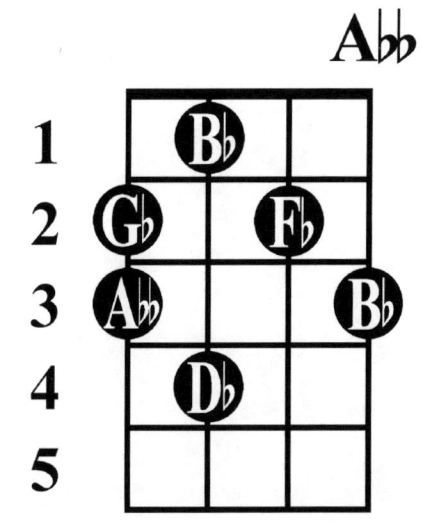

G♭7♭9 / F#7♭9

A♭♭

```
    1 | B♭ |   |
    2 | G♭ |   | F♭
    3 | A♭♭|   | B♭
    4 |    | D♭|
    5 |    |   |
```

D♭7♭9

E♭♭

```
    1 | F  |   | A♭
    2 |    | C♭|
    3 |    |   | F
    4 | A♭ | D♭| C♭
    5 |    |   |
```

A♭7♭9

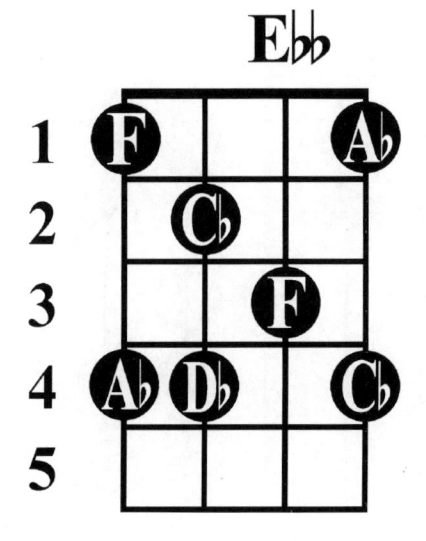

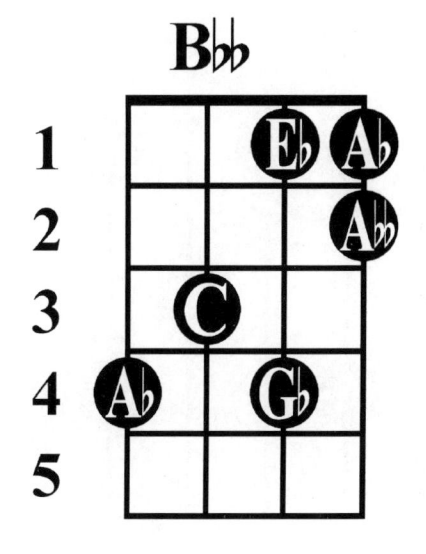

B♭♭

```
    1 |    | E♭| A♭
    2 |    |   | A♭♭
    3 |    | C |
    4 | A♭ |   | G♭
    5 |    |   |
```

7♭9

E♭7♭9

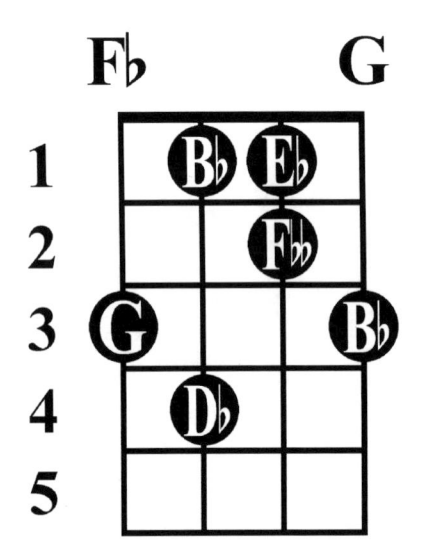

B♭7♭9

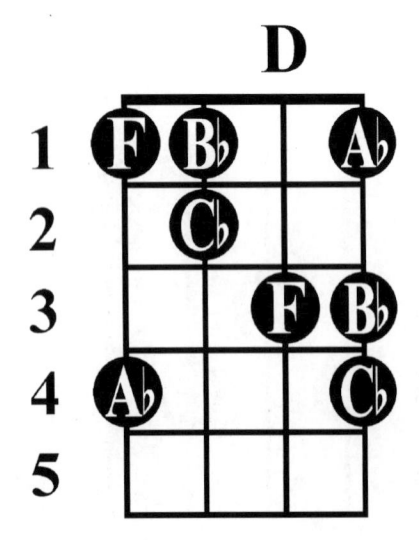

F7♭9

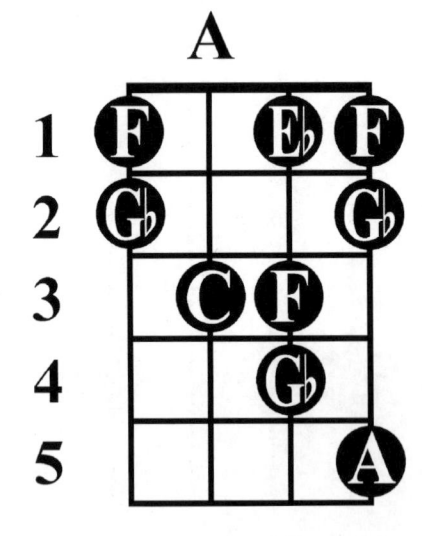

7#9

C7#9

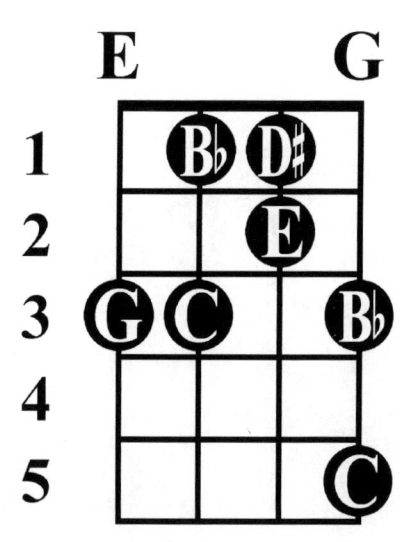

G7#9

D7#9

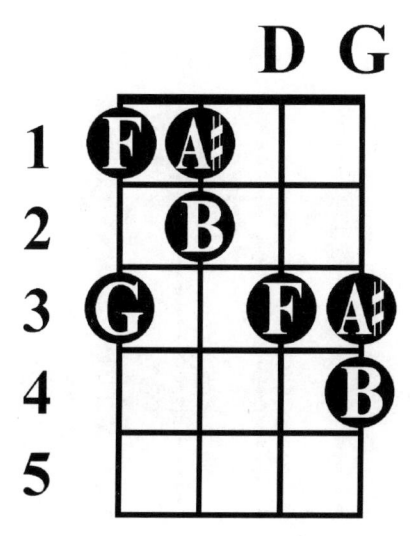

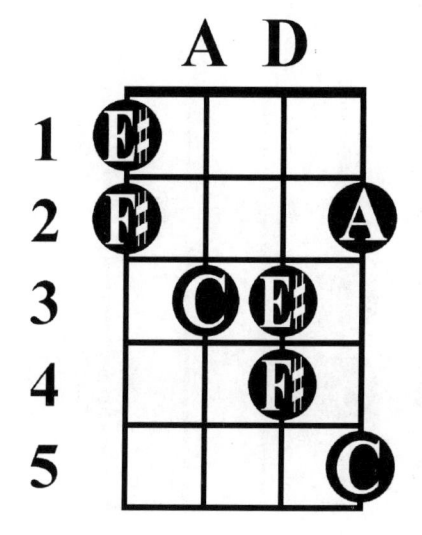

7♯9

A7♯9

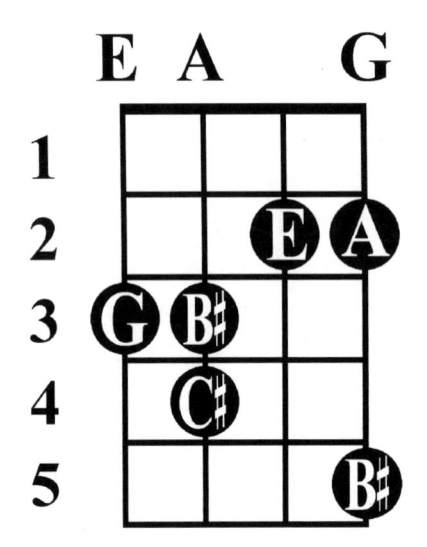

E7♯9

B7♯9

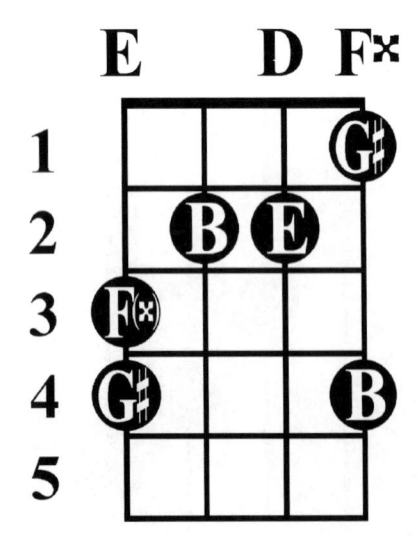

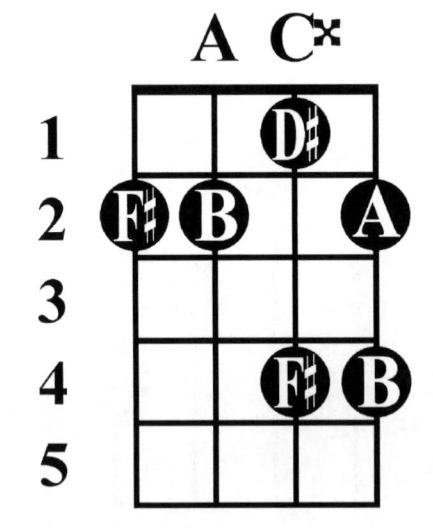

7♯9

G♭7♯9 / F♯7♯9

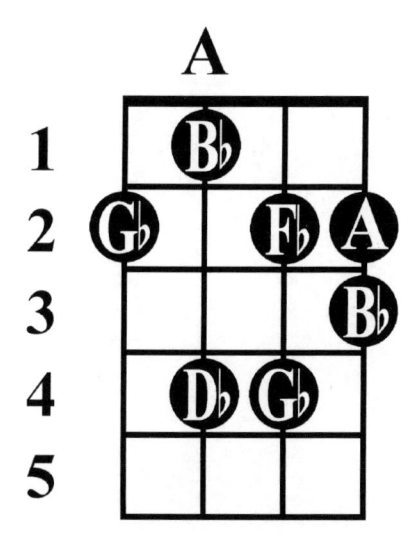

D♭7♯9

A♭7♯9

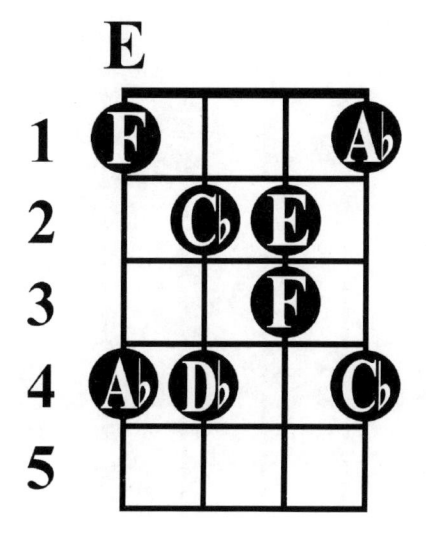

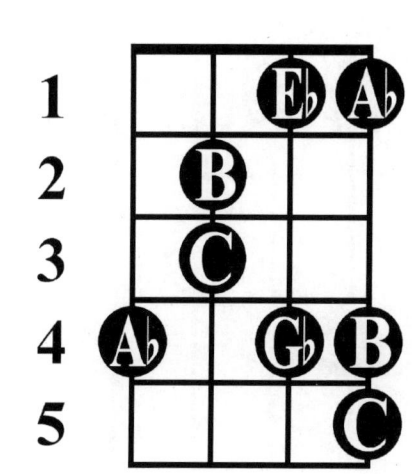

7#9

E♭7#9

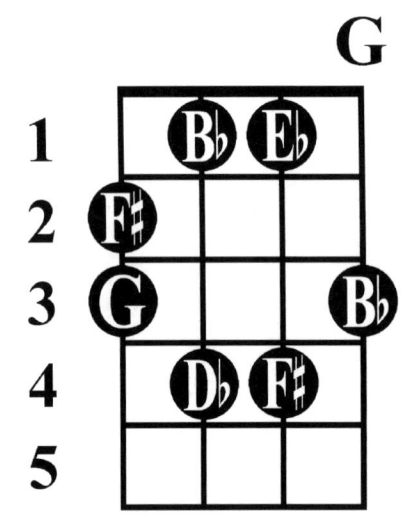

B♭7#9

F7#9

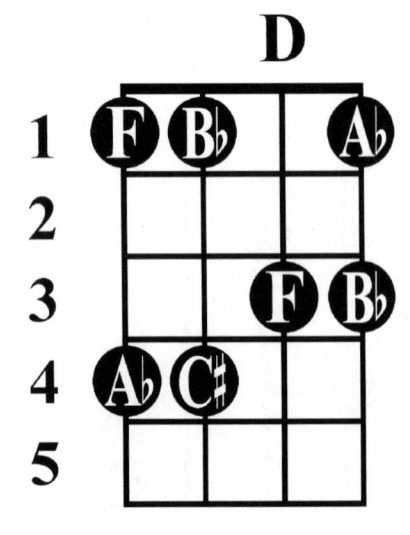

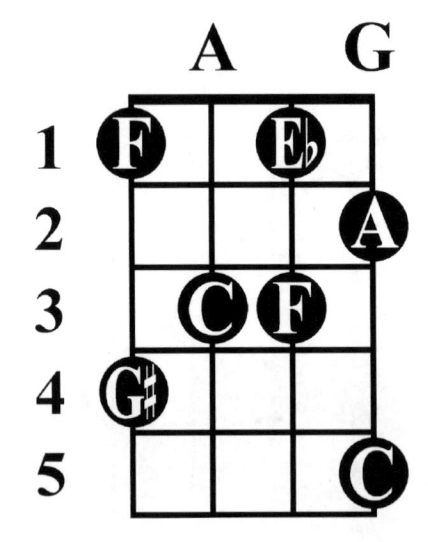

Major 9th

Cma9

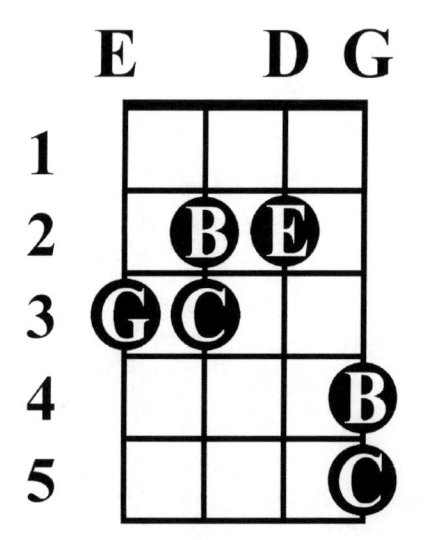

Gma9

Dma9

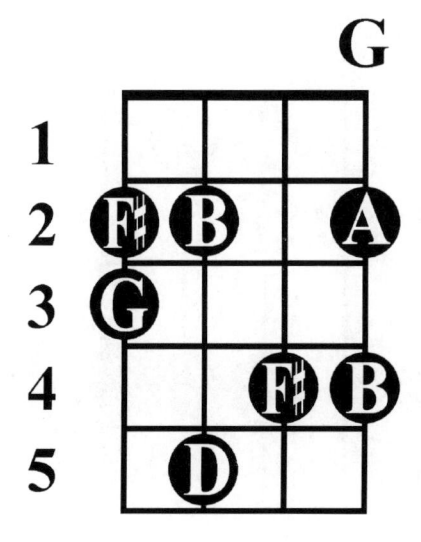

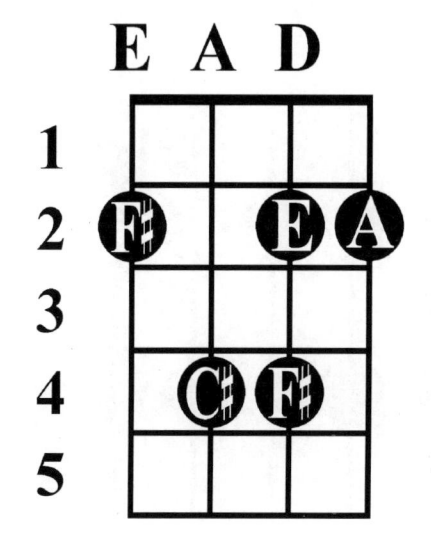

Major 9th

Ama9

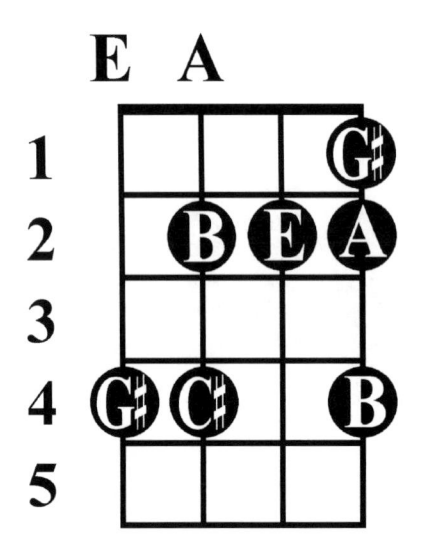

Ema9

Bma9

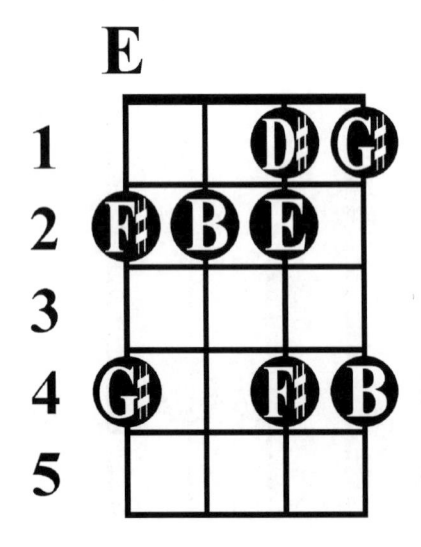

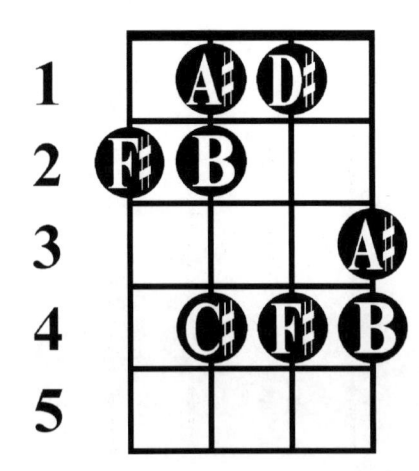

Major 9th

Gbma9 / F#ma9

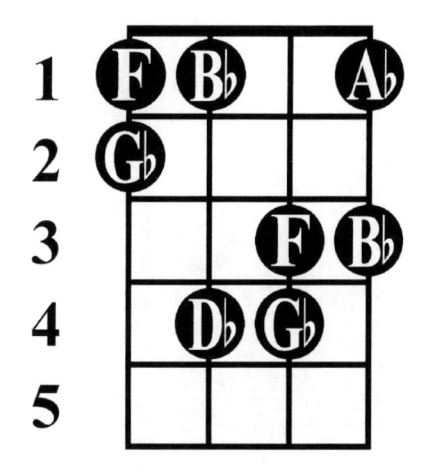

```
      1  (F)(Bb)   (Ab)
      2  (Gb)
      3        (F)(Bb)
      4     (Db)(Gb)
      5
```

Dbma9

```
      1  (F)    (Eb)(Ab)
      2
      3     (C)(F)
      4  (Ab)(Db)
      5        (C)
```

Abma9

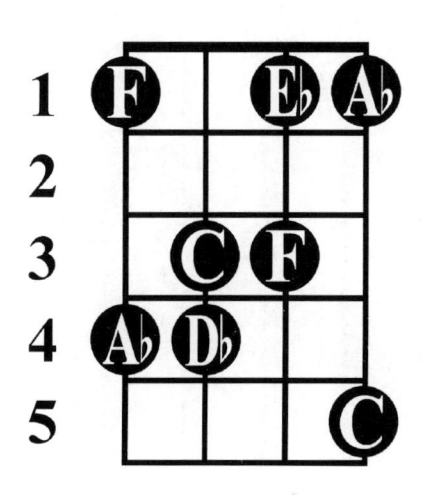

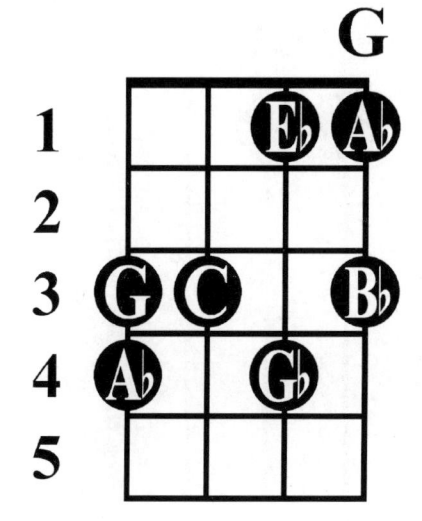

```
                      G
      1        (Eb)(Ab)
      2
      3  (G)(C)    (B)
      4  (Ab)  (Gb)
      5
```

Major 9th

E♭ma9

```
      D G
1    B♭ E♭
2
3  G    F B♭
4
5
```

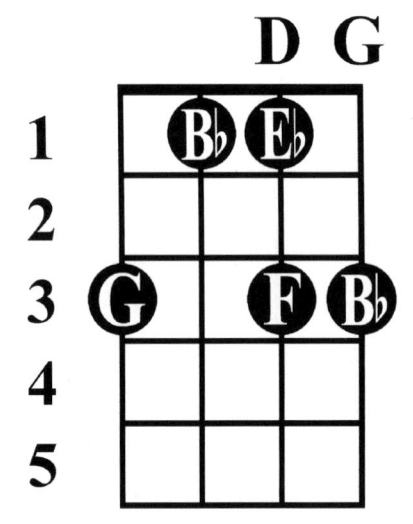

B♭ma9

```
    A D
1  F B♭
2       A
3    C F B♭
4
5       C
```

Fma9

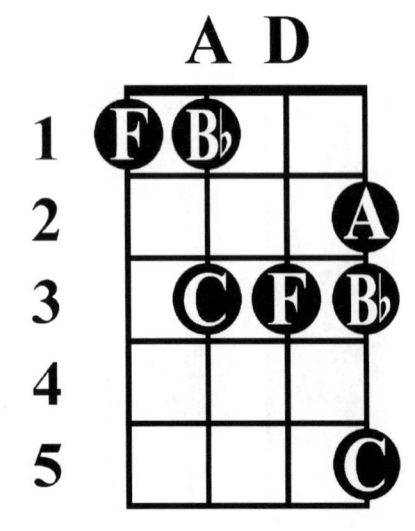

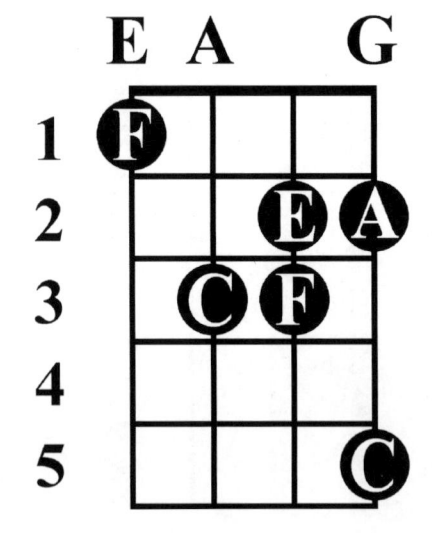

```
   E A   G
1  F
2      E A
3    C F
4
5        C
```

Minor 9th

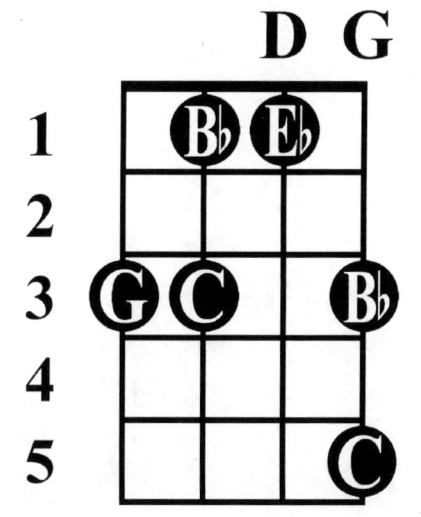

Cm9

```
        D  G
    ┌──┬──┬──┐
1   │  │Bb│Eb│
    ├──┼──┼──┤
2   │  │  │  │
    ├──┼──┼──┤
3 G C│  │  │Bb│
    ├──┼──┼──┤
4   │  │  │  │
    ├──┼──┼──┤
5   │  │  │ C│
    └──┴──┴──┘
```

Gm9

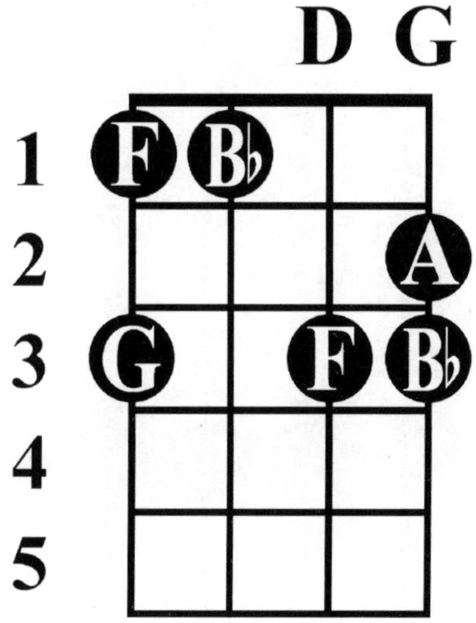

```
        D  G
    ┌──┬──┬──┐
1 F Bb│  │  │
    ├──┼──┼──┤
2   │  │  │ A│
    ├──┼──┼──┤
3 G │  │ F│Bb│
    ├──┼──┼──┤
4   │  │  │  │
    ├──┼──┼──┤
5   │  │  │  │
    └──┴──┴──┘
```

Dm9

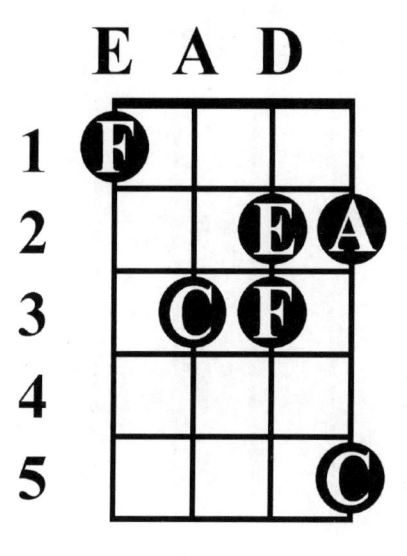

```
     E  A  D
    ┌──┬──┬──┐
1 F │  │  │  │
    ├──┼──┼──┤
2   │  │ E│ A│
    ├──┼──┼──┤
3   │ C│ F│  │
    ├──┼──┼──┤
4   │  │  │  │
    ├──┼──┼──┤
5   │  │  │ C│
    └──┴──┴──┘
```

Minor 9th

Am9

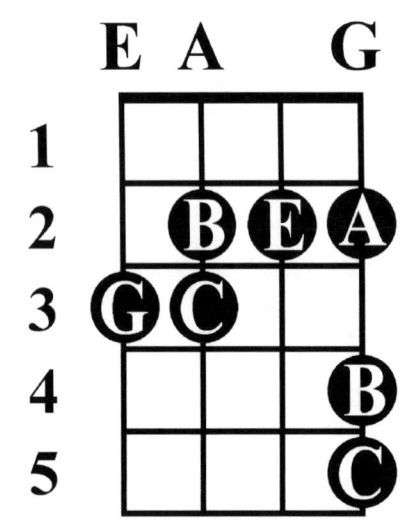

Em9

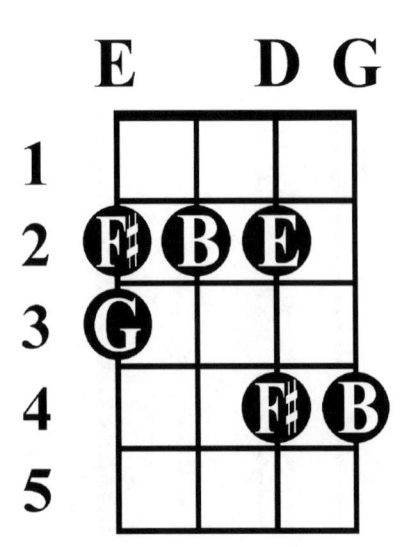

Bm9

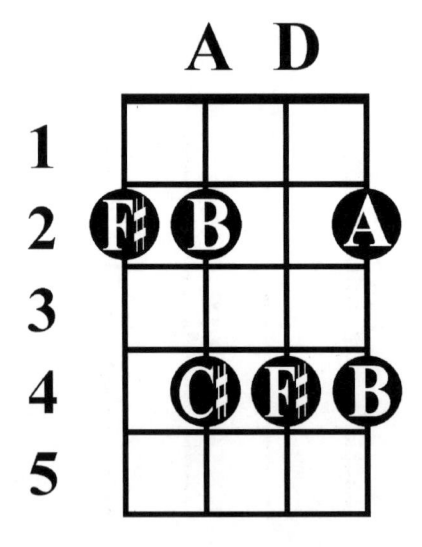

Minor 9th

G♭m9 / F♯m9

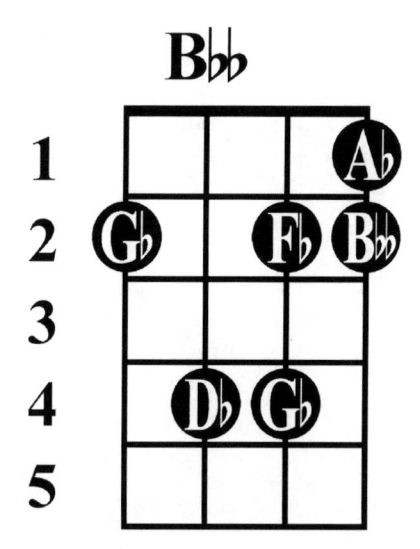

D♭m9

A♭m9

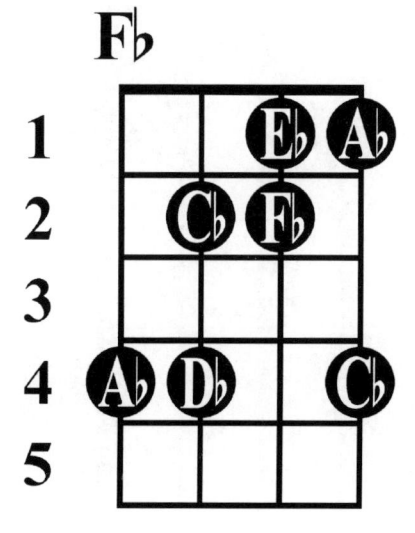

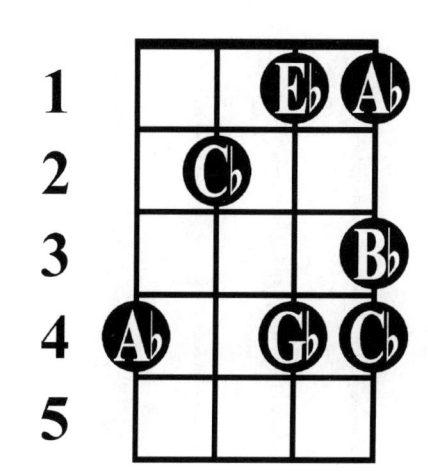

Minor 9th

E♭m9

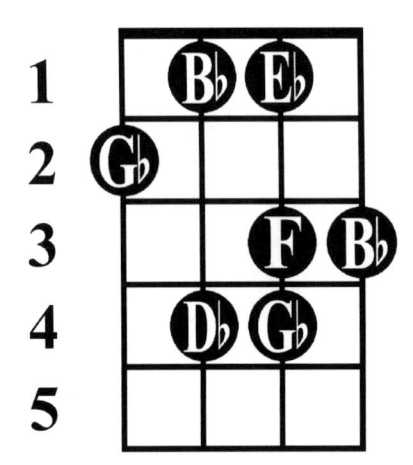

B♭m9

Fm9

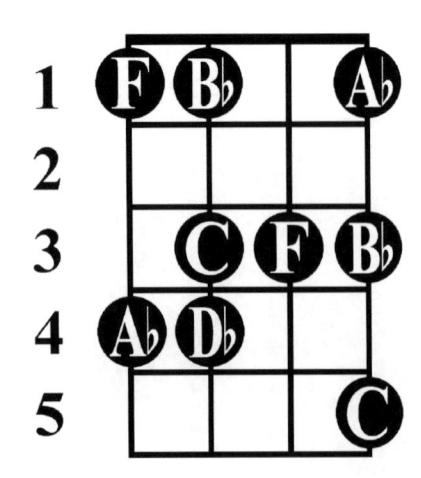

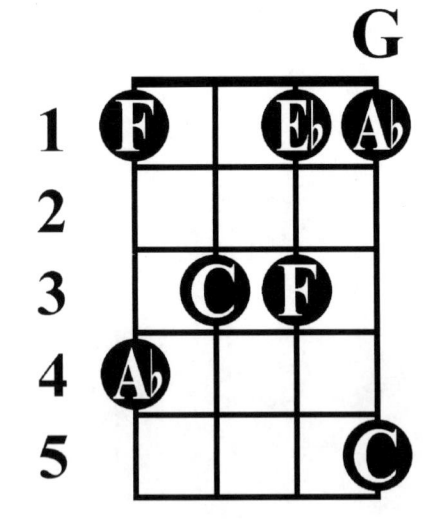

76374041R00055

Made in the USA
Middletown, DE
12 June 2018